お楽しみ　かんざし手帖

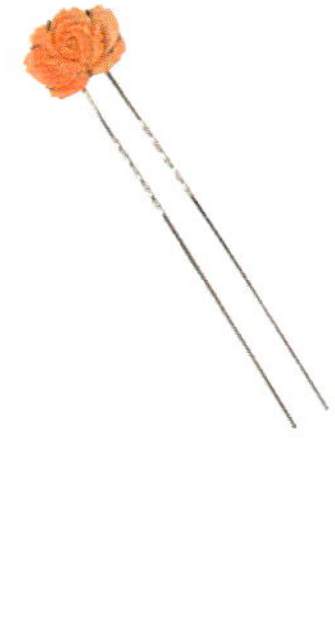

はじめに

「かんざし」というと、和のアクセサリーというイメージをお持ちの方が多いのではないでしょうか。私自身も、かんざしを使うようになったきっかけは着物でした。着物といっても、ごくカジュアルな普段着。そのため、手持ちのかんざしはあまり和風に偏らないモダンなものが多いのです。洋服で使っても違和感がないため、自然と着物以外のときも使うようになりました。さらに、かんざし一本でのまとめ髪を覚えてからは、その便利さから日常的に使う頻度が増し、今では私の生活に欠かせないアイテムとなっています。

この本ではTシャツにジーンズといった、ごく普通のカジュアルな服装に似合うものから、ちょっとしたおめかしに使えるものまで、さまざまなかんざしを紹介しています。また、まとめ髪の方法や簡単にできる手作りアイデアなど、かんざしを楽しむための周辺情報も集めてみました。みなさんが毎日の生活の中でかんざしを楽しむために、この本が少しでもお役に立てたらうれしく思います。

菅原すみこ

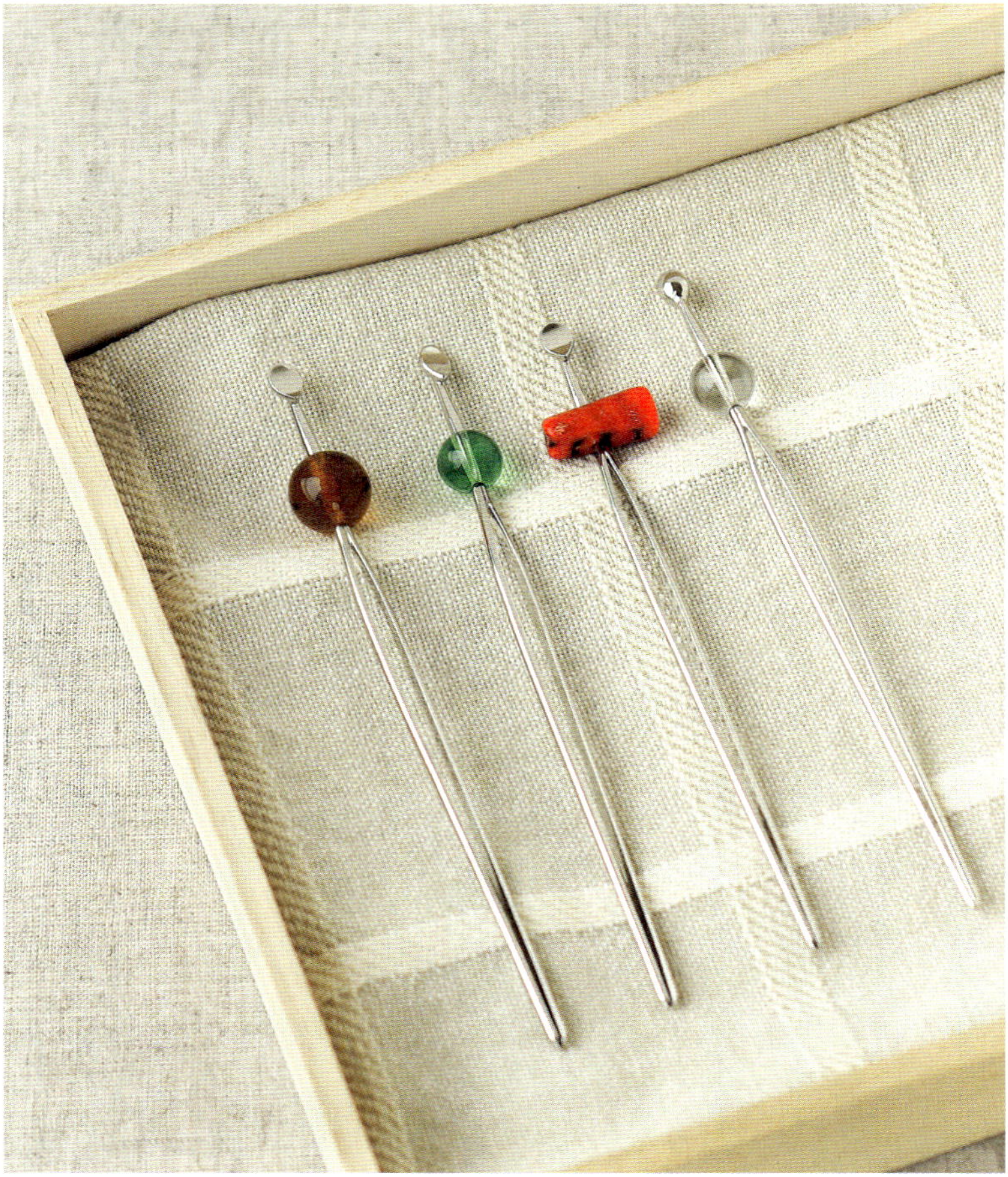

かんざし／すべて、きもののおとも

もくじ

＊本文中、写真説明の終わりのかっこ書きは、かんざしをお借りした店名や会社名などです。かっこ書きのないものは著者私物です。

かんざしの種類

玉かんざし

一本の棒の先に玉がついたシンプルなデザインは、どんな髪型にもよく似合う万能選手。／漆《うるし》の玉かんざし（ここん）

揺れもの

頭の動きに合わせて揺れるかんざしは、若々しい印象です。玉やほかの飾りと組み合わせたものも。／琥珀《こはく》とガラスビーズのかんざし（アズマ）

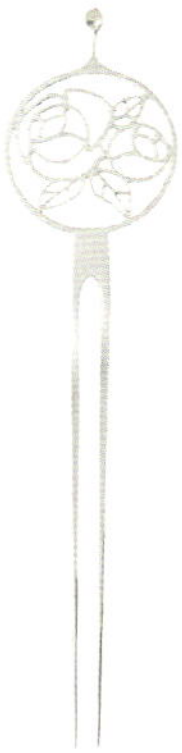

平打《ひらう》ち

玉かんざしに対して、飾り部分の平らなものが平打ち。材質や細工はさまざま。／シルバーの平打ちかんざし（銀工房こじま）

日本のかんざしの始まりは、魔をはらうために髪にさした一本の細い棒であるといわれています。その後、時代ごとに移り変わる髪型とともに、かんざしの使われ方も変化していきます。装飾としてのかんざしは、江戸時代の後期、日本髪の発達とともに栄えました。そして現代では、素材や形、細工などにさらに工夫が加えられ、伝統的なものからモダンなものまで、さまざまなかんざしが作られています。

スティック

シンプルな棒状のかんざしは普段使いにおすすめです。同じものや色違いを2～3本さしても。／はしのかんざし（ここん）

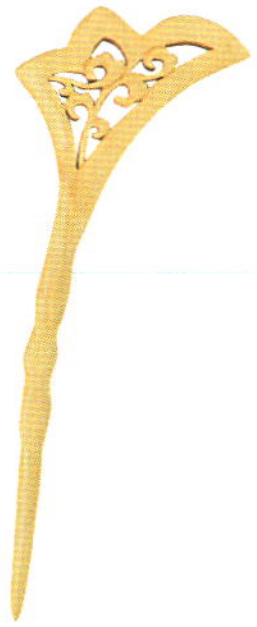

透かし彫り

木やべっ甲などによく見られる透かし彫りの細工は、優雅でエレガントな印象です。／唐草模様のつげのかんざし（ここん）

結びかんざし

一本の棒の先をねじって結んだ形のかんざし。結び目の先に模様をつけたもの、総柄のものなどがあります。／桜の結びかんざし（花房）

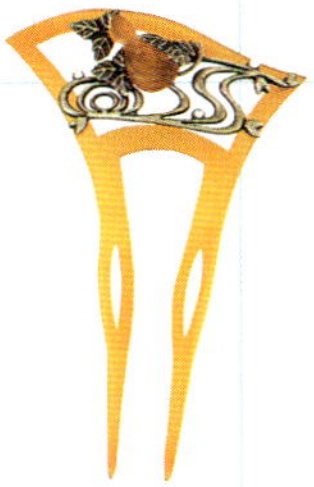

バチ形

三味線のバチの形のかんざし。透かし彫りや蒔絵《まきえ》を施したものをよく見かけます。／ひょうたん柄のバチ形かんざし（ここん）

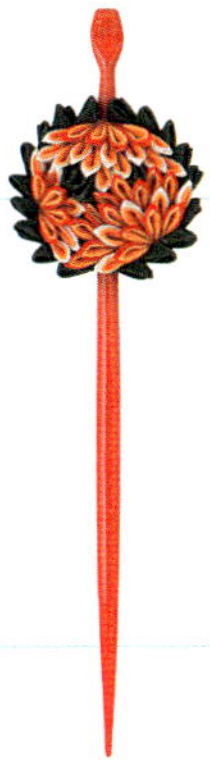

つまみ細工

小さく切った布を畳み、ピンセットでつまんで幾重にも重ねたもの。舞妓さんの花かんざしや七五三の飾りにも使われます。／つまみ細工のかんざし（ここん）

まとめ髪

ラフなおだんご

ポニーテールをくるっとねじってピンでとめます。ラフなおだんごが若々しい印象です。／フルーツの輪切りのような丸玉の木製かんざし（TAMARU産）

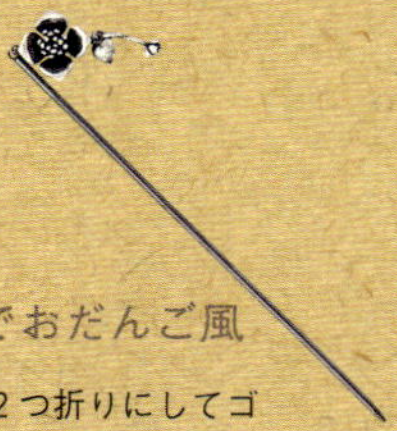

ゴムだけでおだんご風

まとめた髪を2つ折りにしてゴムでしばるだけ。髪の長さや量、しばる位置でぐっと雰囲気が変わります。／花とハートのチャームが揺れるかんざし（アズマ）

かんざしは、ラフなおだんごヘアやゴムで結んだだけといったごくカジュアルな髪型に、意外とよく似合います。たとえば、仕事や家事のときに鏡を見ずにさっとまとめただけの髪も、かんざしをさすだけで、ちょっぴりおしゃれなまとめ髪に見えるから不思議。カジュアルな服装のときのまとめ髪は、きっちりしすぎないのがポイント。同様に、かんざしも髪型に合わせて、すっきりとしたさりげない飾りのものを選びましょう。

ひとつに束ねる

女性が髪をしばるしぐさにドキッとする男性も多いとか。ゴムの根元に足の短いかんざしを。／チェコビーズの、長さ6センチの小さなかんざし（かんざし屋）

三つ編みの編み込み

三つ編みをまとめて才女風に。編み込んだ毛先を内側に入れ込み、ピンでとめて毛先を遊ばせます。／スイカ模様の菱形Uピンのかんざし（TAMARU産）

ゆるくねじったまとめ髪

ゆったりねじってピンでとめた女性らしい髪型には、和テイストのかんざしがよく似合います。／「いろは」の文字の透かしかんざし（ここん）

漆軸のとんぼ玉かんざし。しっかりした木製軸のかんざしは、髪の量が多い人にもおすすめです。（MADE IN TOSA物産）

かんざし一本でまとめ髪

かんざしは装飾品としてだけでなく、髪をまとめる道具としても便利なアイテムです。一本でまとめ髪にする場合のかんざし選びのポイントは、一本軸で、金属や木など、強度のある材質のものを選ぶこと。軟らかい材質のものや軸足の細いものは、折れたり曲がったりすることがあるので要注意です。まとめ髪に必要なかんざしの長さは、髪の長さや量によっても違いますが、15センチ程度あればだいたいOKです。

髪をまとめてみましょう

1

髪をくしでとかしておきます。まとめやすいように、あらかじめヘアスタイリング剤をつけておいても。

2

くしで髪をとかしながら、1束に集めます。

3

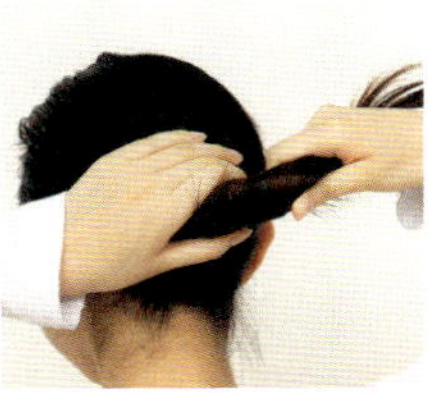

左手で毛束の元を持って、右手で右回りに、しっかりねじります。

4

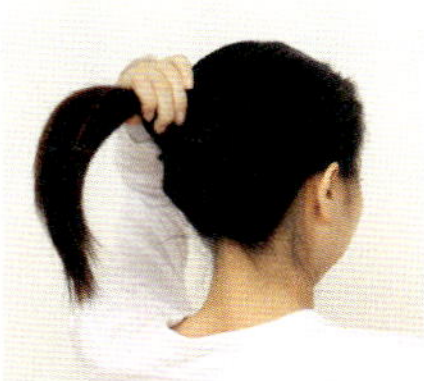

ねじったところを左手で持ち替えます。

5

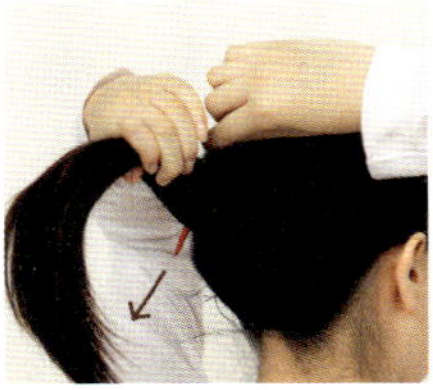

かんざしを右手で持って、ねじった毛束に上からさします。

6

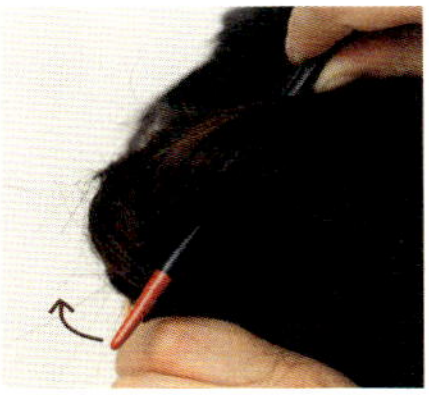

かんざしに毛束を巻き込みます。このとき、毛先をかんざしに巻きつけるようにするのがコツです。

7

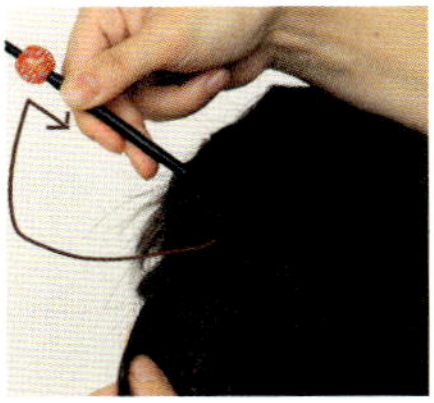

かんざしを返し、根元がしっかり固定するよう、かんざしで毛束をねじります。

8

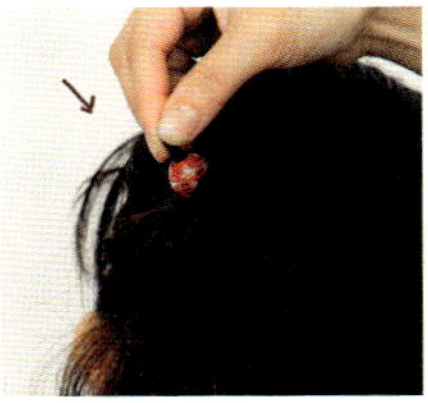

地肌に沿うように、根元に向かってかんざしをぐっとさします。

玉かんざし

玉かんざしは、かんざしの代表ともいえるポピュラーなデザイン。玉の材質や大きさ、軸足も1~2本とさまざまですが、先が耳かき状になっているものをよく見かけます。玉かんざしに限らず、耳かき状のかんざしは古代からありました。江戸時代には贅沢禁止の取り締まり対策として、贅沢品ではなく実用品であると言い逃れる目的で耳かきつきのかんざしが流行したそうです。そのデザインは現代にも受け継がれています。

玉の大きさ

大

大きい玉かんざしは存在感がありますが、髪にさしてみると意外に馴染むもの。かんざし一本でまとめたときの髪のゆるみを抑えるのにも役立ちます。（ここん）

中

使いやすい中サイズの玉かんざしは、ひとつは持っていたい基本のかんざし。まとめ髪の種類やおだんごの大きさを問わず、オールマイティーに活躍します。（ここん）

小

小さなおだんごヘアには小さめの玉かんざしが似合います。奥ゆかしさをかもし出す控えめなサイズは、かんざしをさりげなくさしたいときにもおすすめです。（ここん）

かわいい絵つけの玉かんざし。白梅と紅梅が描かれています。（花房）

鏡のように磨かれたシルバーの玉かんざしは、シンプルで飽きのこないデザイン。（ジェイス青山）

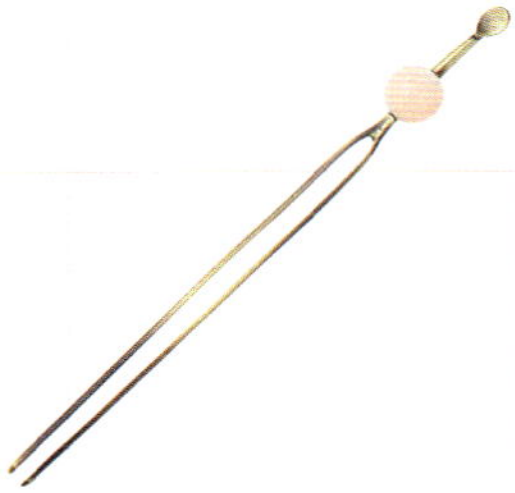

「エンジェルスキン・コーラル」と呼ばれる、淡い桃色のサンゴの玉。日本人の髪によく映えます。（しぇんま屋）

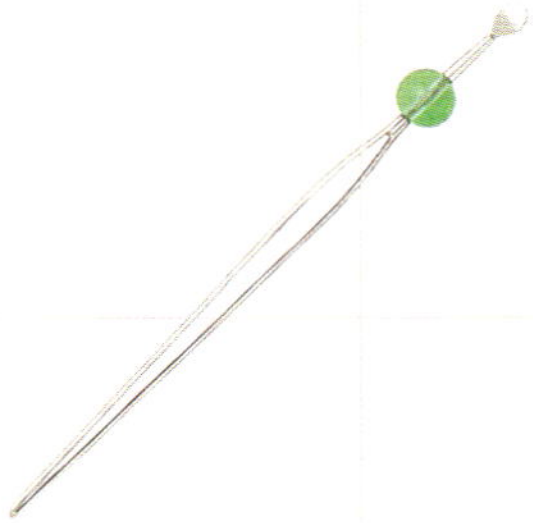

サイダーのような緑のガラス玉は、レトロモダンな印象です。（きもののおとも）

乙女チックな青いバラが描かれた転写玉《てんしゃだま》のかんざし。軸はべっ甲製です。（上ノ坊製作所）

べっ甲の軸と琥珀の玉の色合いがとてもきれいな玉かんざしです。（ここん）

黒く染めたつげの玉に美しいバラの彫刻が施されています。もちろん、軸もつげ製。（十三や）

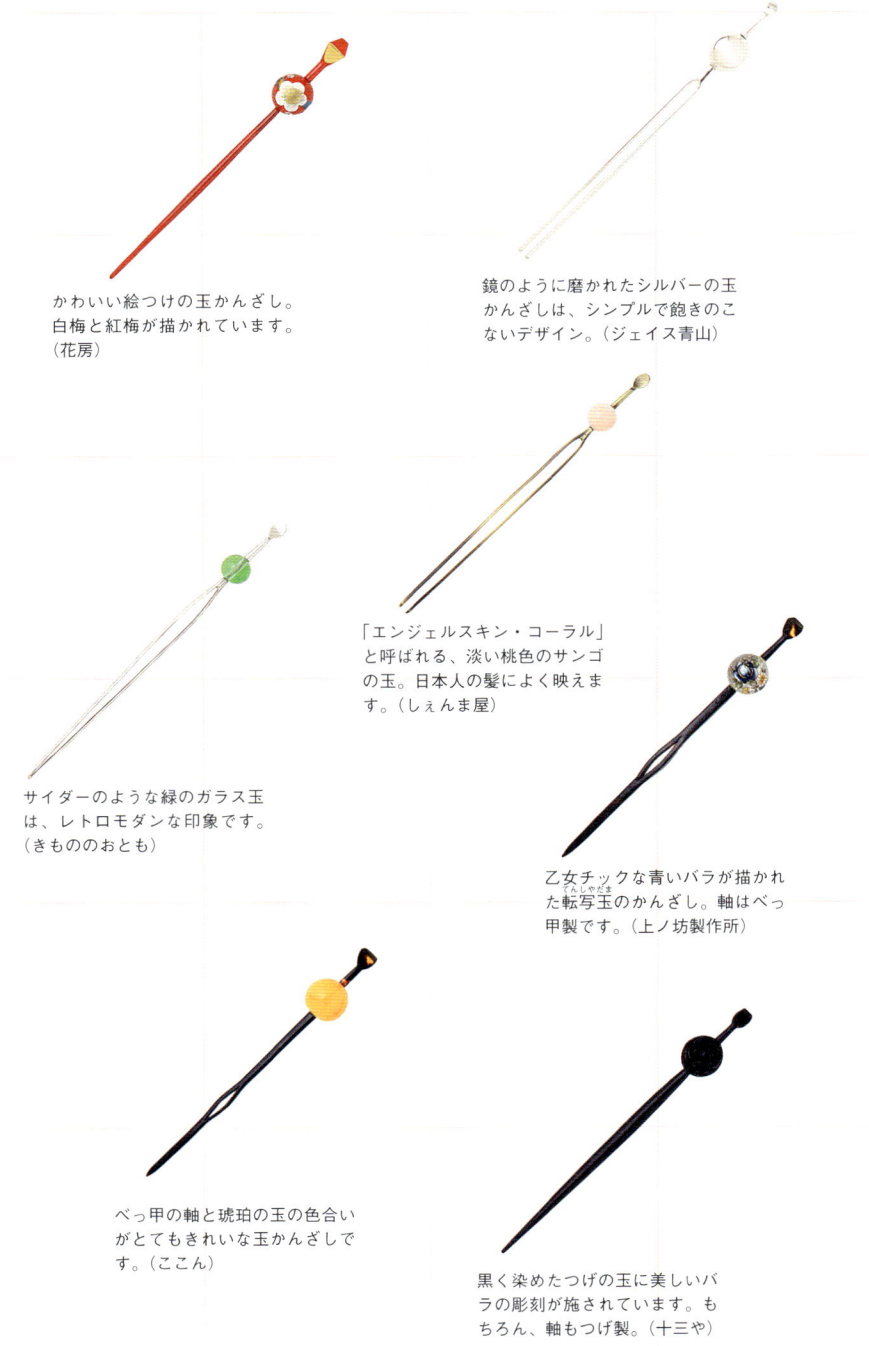

かんざしのさし方

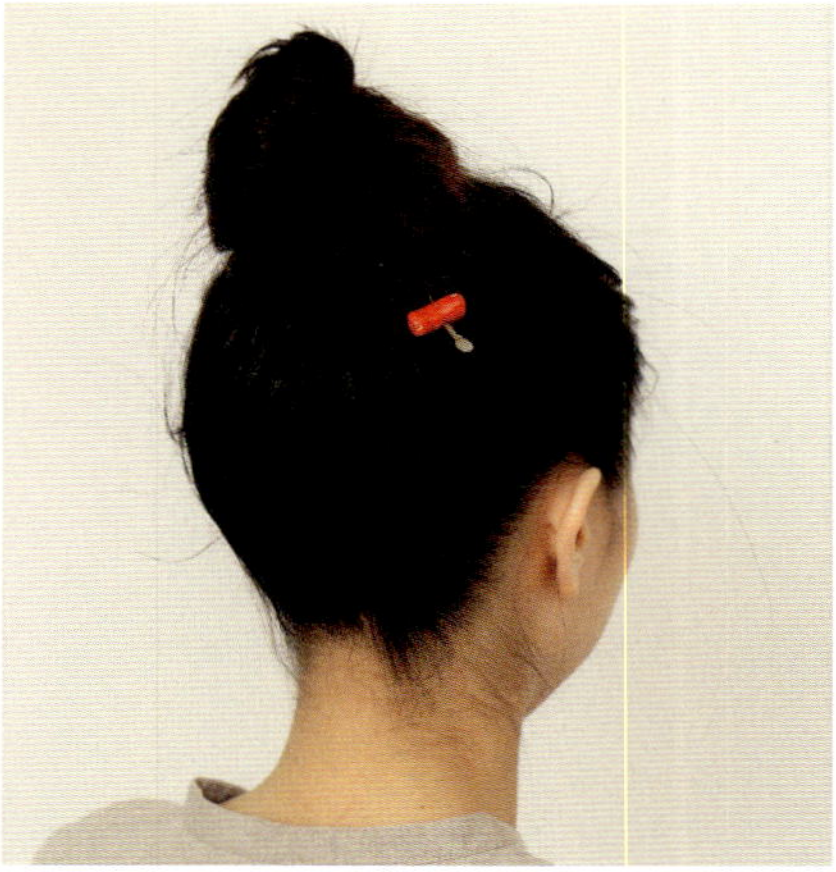

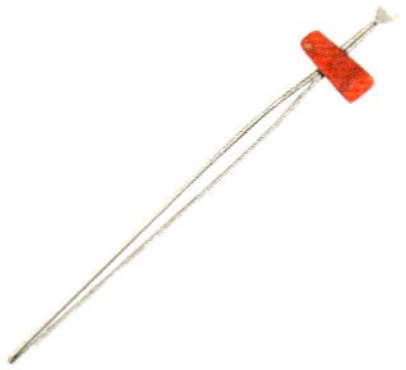

下からさして大人っぽく

おだんごにかんざしをつけるとき、斜め下から上に向かってさすと、ぐっと大人っぽい雰囲気になります。／山サンゴのかんざし（きもののおとも）

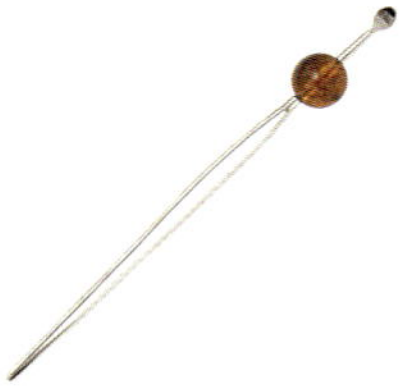

正面から見える位置に

後ろ姿だけでなく正面から見える位置にかんざしをさしたいときは、左右どちらかに寄せておだんごを作ります。／琥珀色の玉かんざし（きもののおとも）

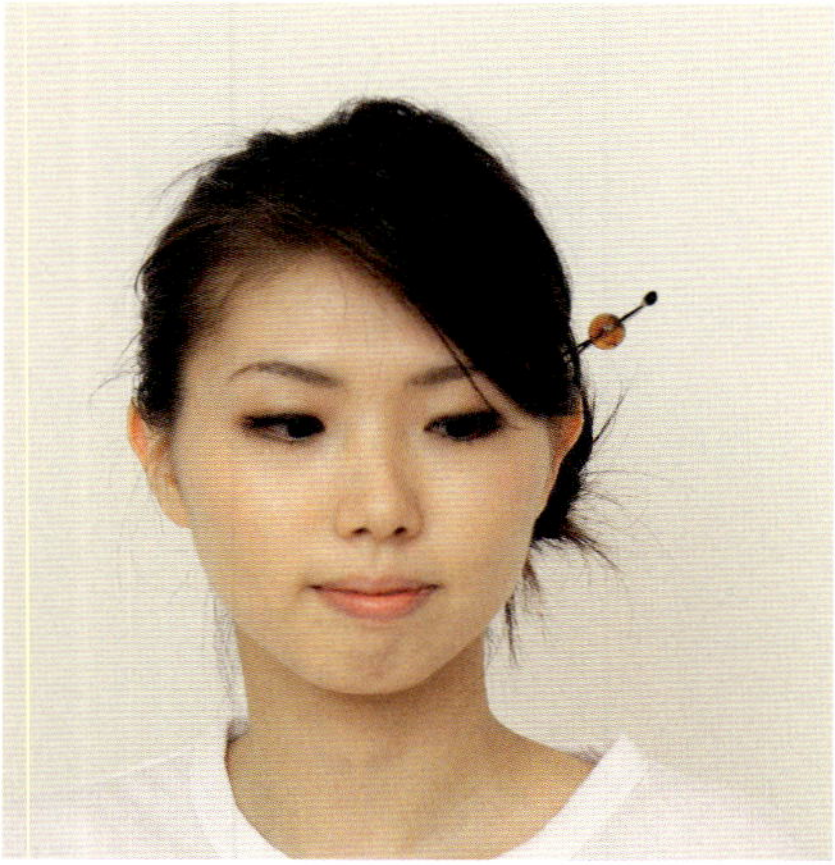

日本髪にかんざしをさす場合、派手なものや長く垂れ下がるものは前に、平打ちや玉かんざしなどシンプルなものは後ろにという決まりがあります。また、かんざしの中でもとくに華やかな「びらびらかんざし（下がった何本もの鎖《くさり》の先に、蝶や鳥などの飾りがついたもの）」は左のこめかみにさすなど、細かいしきたりも。もちろん、私たちが普段にかんざしを使うなら、難しいことは考えず、気軽に楽しめばよいと思います。

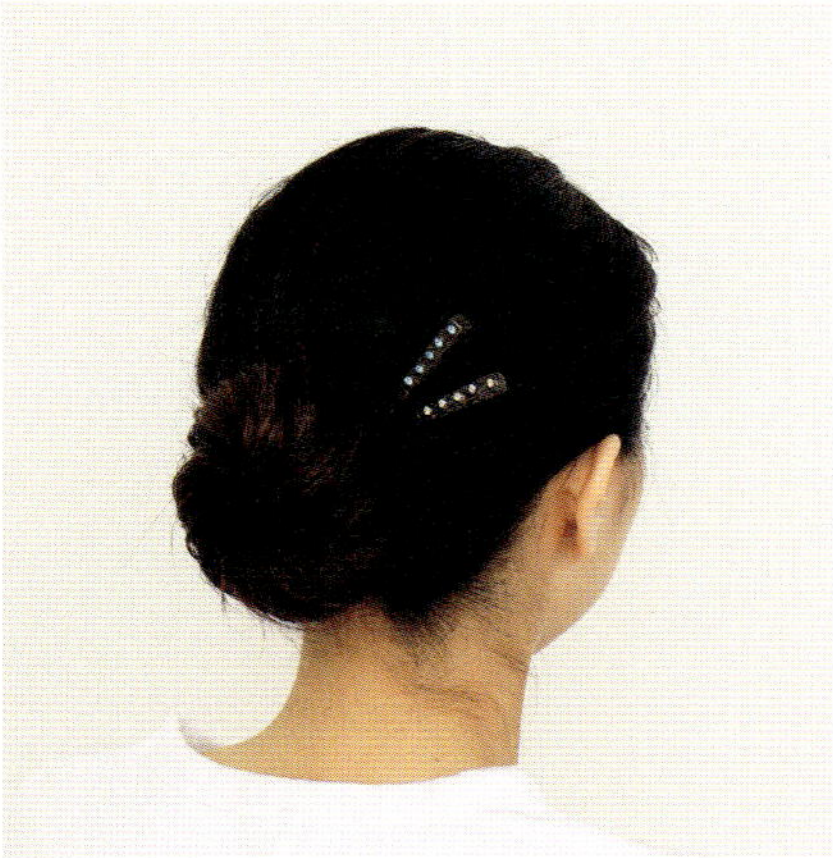

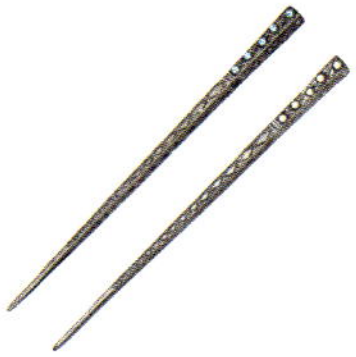

数本を一緒にさす

スティックタイプは2～3本一緒に。おだんごの中でかんざしの軸が交差するようにさすと、崩れにくくなります。／ラインストーンのかんざし（ROSH）

揺れものは上方にさす

揺れ飾りのかんざしはおだんごに対して水平、またはやや上側からさします。下からさすとやぼったくなります。／揺れるビーズのかんざし（アズマ）

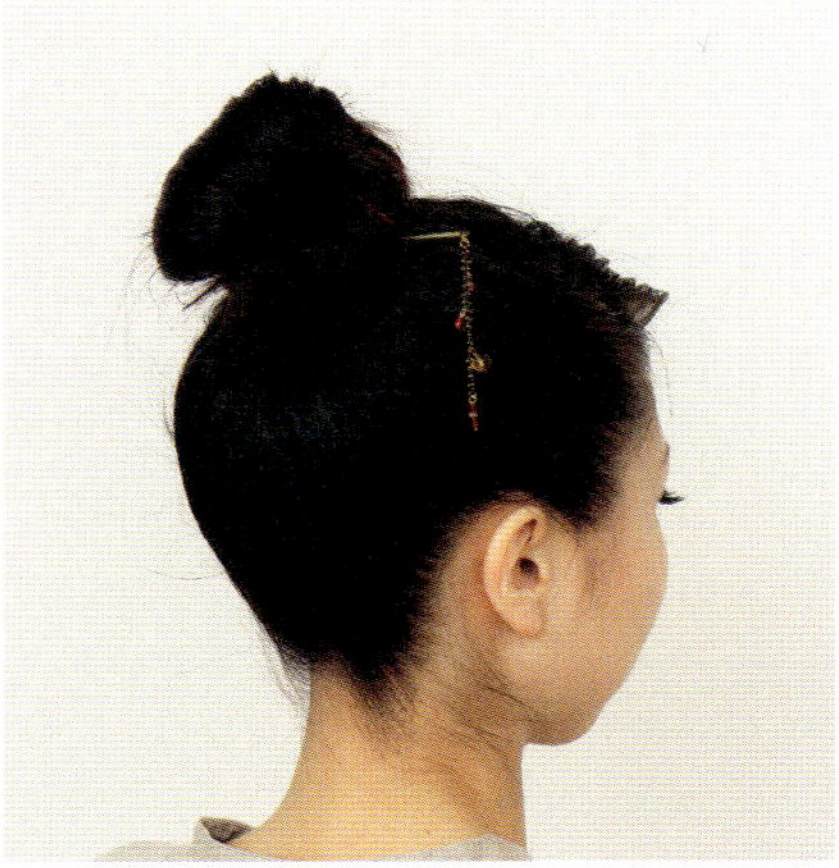

落ちてこないためのコツ

ジグザグに入れる

ジグザグにかんざしをさすとしっかり固定され、落ちる心配がありません。

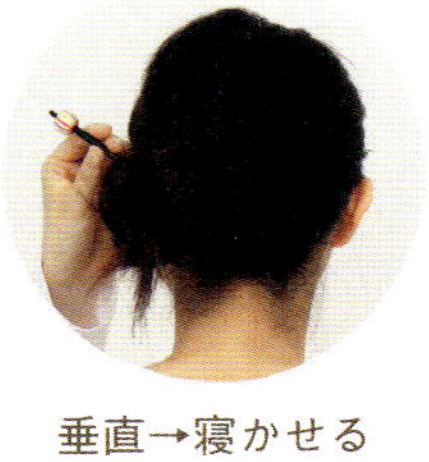

垂直→寝かせる

かんざしはまず垂直に入れ、次に寝かせるようにすると、崩れにくくなります。

先が交差するように

短いかんざしやピンなどをさすときは、2本用意し、2本の先が交差するようにします。

とんぼ玉

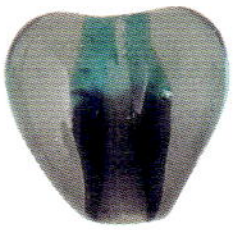

とんぼ玉とは、色模様をあしらったガラスビーズの総称。その起源は古く、古代エジプトやメソポタミア文明までさかのぼります。日本では、その模様をとんぼの複眼に見立て、「とんぼ玉」と呼んでいます。製法は長年極秘で伝えられてきましたが、江戸時代にガラス技術が広く伝わり、庶民の間でも、かんざしや根付《ねつけ》などの装飾品に使われるようになりました。現代でも、とんぼ玉のかんざしは女性に人気のアイテムです。

丸玉、ミカン玉、楕円形、円柱、角柱、ハート形……と、とんぼ玉は色も形も模様もさまざまです。(kinari)

とんぼ玉かんざし

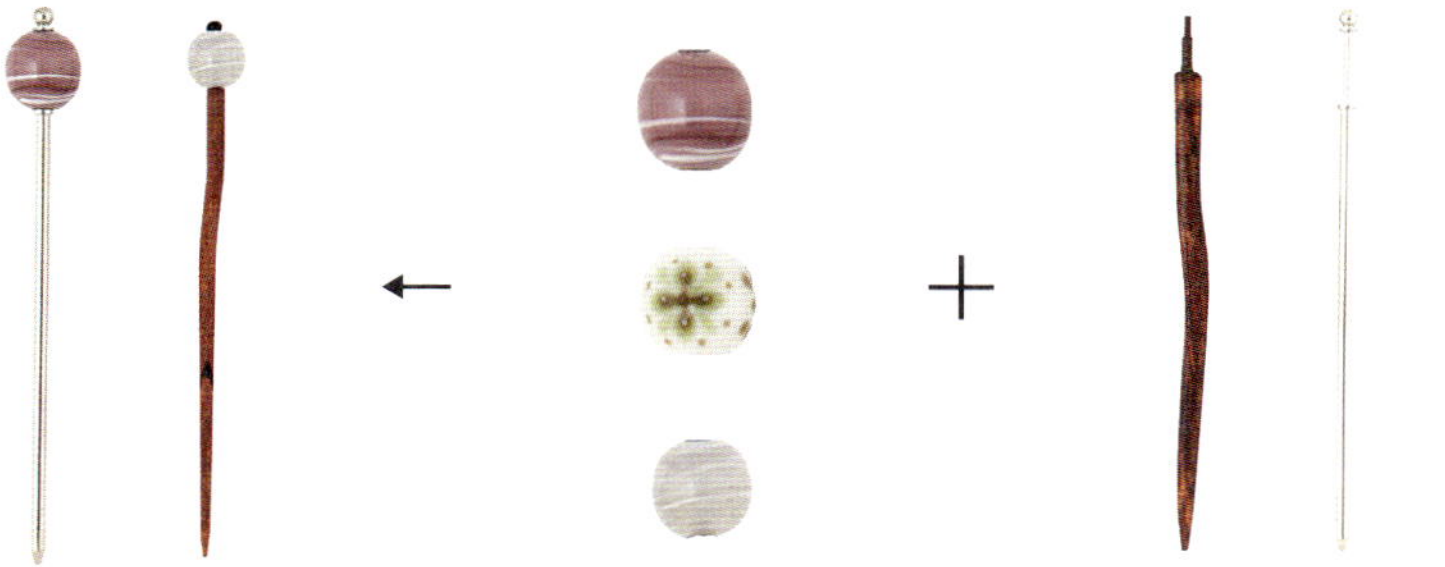

お気に入りのとんぼ玉とかんざしパーツで、かんざしを作りましょう。木製パーツなら、先端の軸をとんぼ玉の穴に通して接着剤で固定。てっぺんの穴に小さいビーズを接着剤でとめます。また、金属パーツなら、先端のネジをはずして玉を通し、ネジを締めればでき上がり。玉を入れ替えれば、何度でも使えます。／かんざしパーツ(kinari)

動物

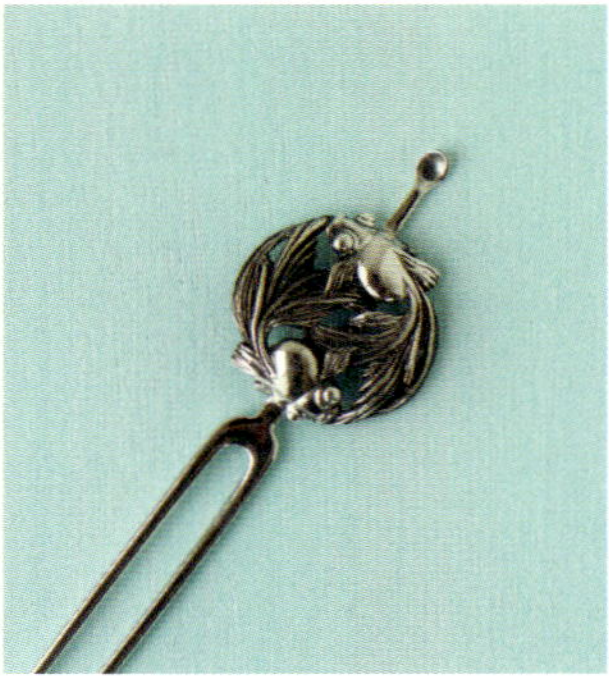
優雅に泳ぐ2匹の金魚が涼しげなシルバー製。浴衣のときにも。（かんざし屋）

指先まで細密に作られたカエル。揺れるビーズもチャーミング。（まめくま堂）

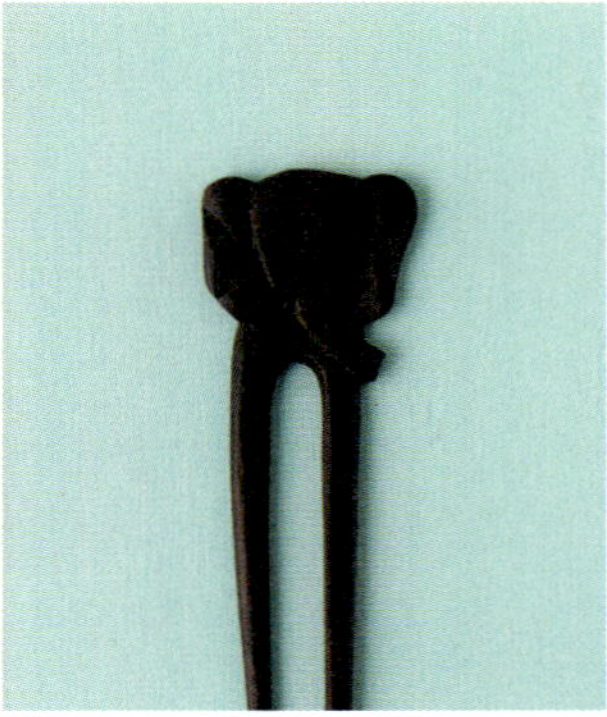
おちゃめなゾウの顔がモチーフになっています。バリ島の木彫り。（ROSH）

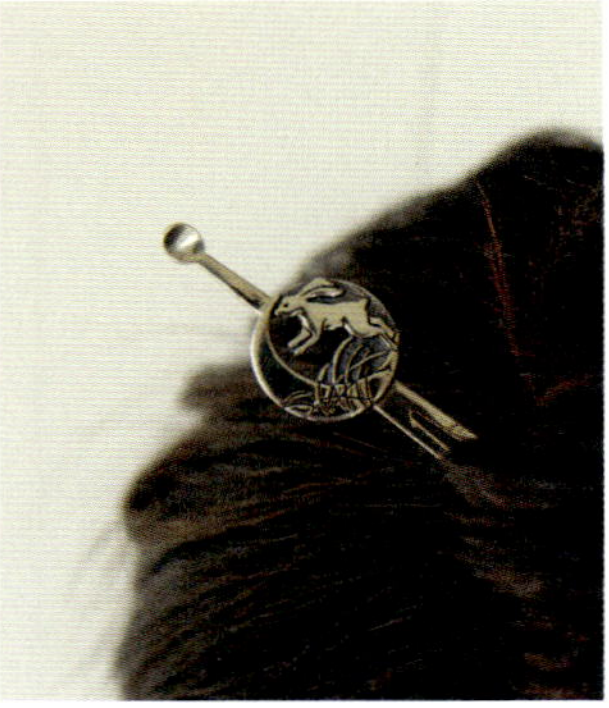
三日月と跳ねるウサギが組み合わさった、シルバーのかんざし。（小銀杏）

着物や帯にも動物柄をよく見かけますが、かんざしも、動物モチーフのものがいろいろあります。昔のかんざしによくあるのは、鶴や亀、龍など、縁起がよいとされる動物たち。同様に、現代ものでもウサギや千鳥といった、かわいくて縁起のよい動物ものが人気です。細工の細かいリアルなものも素敵ですし、また、「よく見ると、あの動物だった」という、デフォルメされた動物かんざしも愛嬌があって引かれます。

翼を広げた鳥のヘアピン。おだんごヘアのサイドをとめて、アクセントに。（ここん）

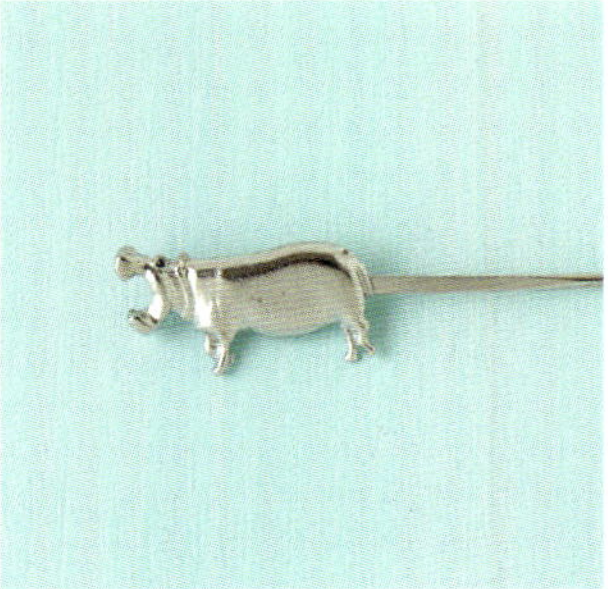

大きく口を開けたカバがユーモラスなピン。（イーザッカマニアストアーズ）

人気の千鳥のモチーフは、洋服にも着物にも似合うデザインです。（ふりふ）

滑らかな美しいフォルムのつげのかんざし。鶴の首のデザインです。（ここん）

動物かんざし

木製の棒の先に小さな動物がついた、カラフルなハンドペイントのかんざし。（ティラキタ）

造花

造花を使った手作りかんざし。手作りといっても、既成の造花に金具をつけるだけ、造花テープを巻くだけ、の手軽さです。

既成の造花を使って、かんざしを作ってみました。市販されている造花のかんざしは、パーティーなどの晴れの場に似合う、大きくて華やかなものが多いようですが、普段使いにはシンプルで小さめのものが合わせやすく、簡単に作れるのでおすすめです。造花は手芸屋さんで数百円から手に入りますが、百円ショップでも、案外素敵なものが見つかることがあります。まずは近くの百円ショップをのぞいてみましょう。

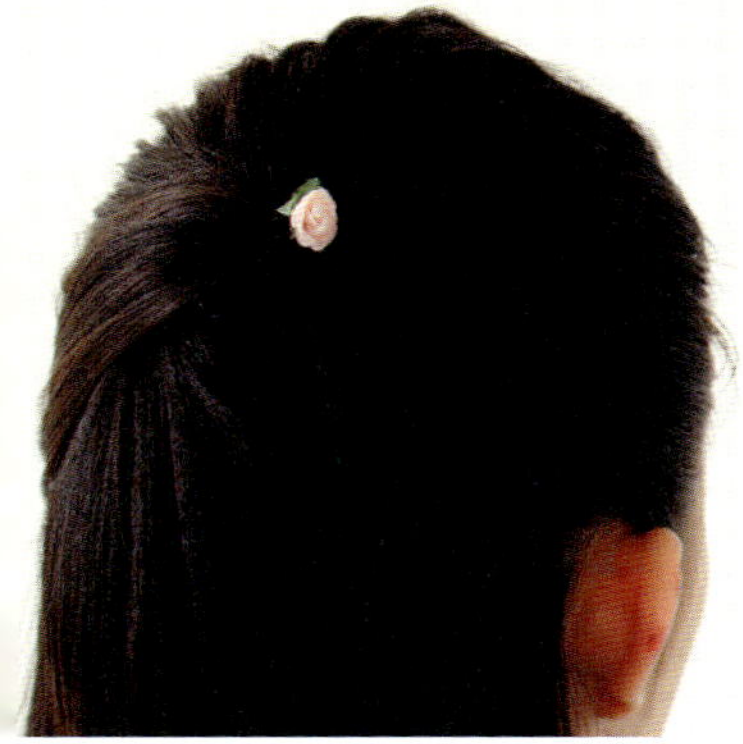

小さい造花をそのまま髪にさしても。

花の実かんざし

1

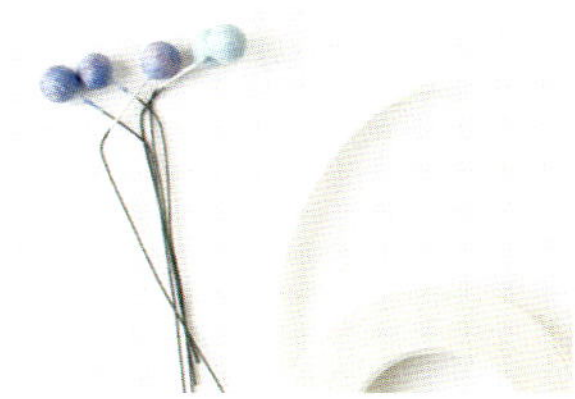

小さめの造花を数本と造花テープを用意します。

2

造花の針金部分を束ねるように造花テープを巻きつけます。先端まで巻いたら、でき上がり。

花びらかんざし

1

造花の針金を適当な長さに切り、かんざし金具の先の輪に通します。

2

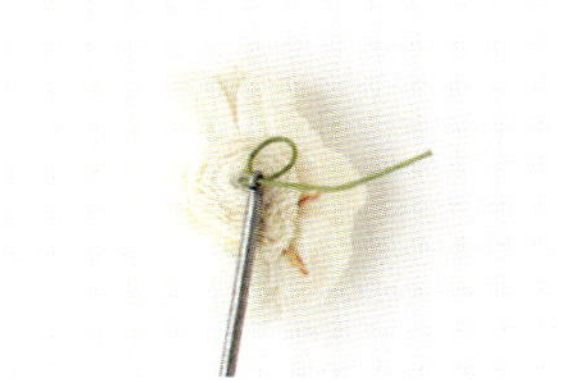

かんざし金具が造花のつけ根にくるように、針金を数回巻きつけます。

3

余った針金の先を切り落とし、接着剤で固定します。

小野セツロー

枝を削り、磨き、玉をさし、漆を塗る……、すべて手仕事。（右から）ベネチア1800年代緑目スカンク玉、ベネチア1800年代ファンシー玉、イスラム10世紀ブルーアイ、ジャワ900〜1100年ごろプランギ玉。（以上、うつわ祥見）

カバーに描かれたかんざしの絵に引かれて買った一冊の本が、セツローさんの作品との出合いでした。セツローさんのもの作りに対する姿勢はとてもおおらかで、作品から、職人の技術とはひと味違った手仕事の心地よさが伝わってきます。漆塗りの軸に時代を経た海外の珍しい玉をあしらったかんざしは、一見、地味で素朴な印象。でも、その甘すぎないたたずまいは、性別を問わず、見る人を引きつける不思議な魅力があります。

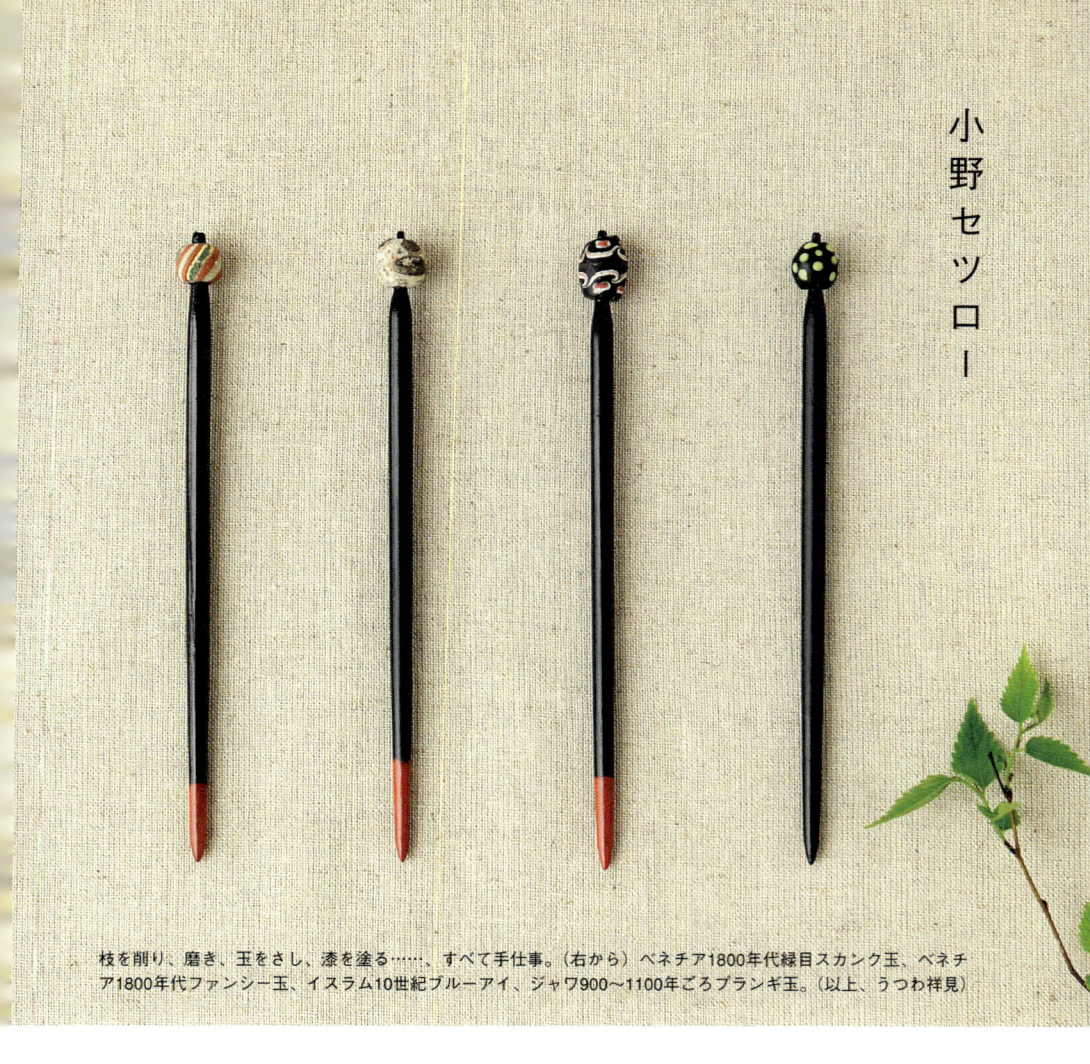

（右から）ジャワ10世紀ビーズプランギ、ベネチア1900年代キングビーズ、ベネチア1900年代赤玉スカンク玉、ローマングラスアフガン出土ミカン玉。（以上、うつわ祥見）

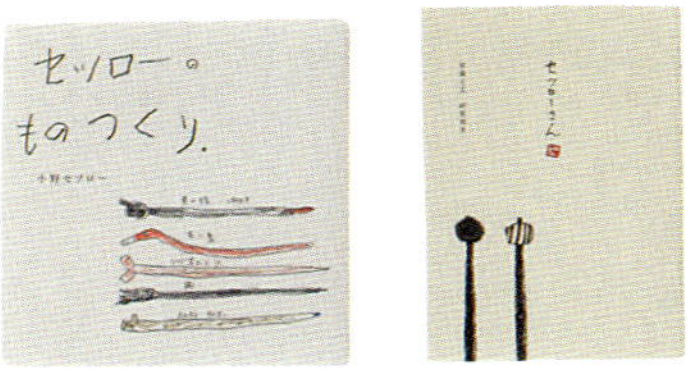

（右から）『セツローさん』（祥見知生著、ラトルズ）。『セツローのものつくり.』（小野セツロー著、アノニマ・スタジオ）。作品はもちろん、人柄、もの作りに対する姿勢など、セツローさんの魅力がぎっしり。

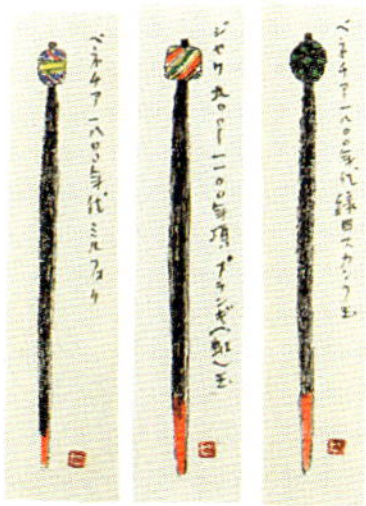

和紙で作られた手描きのかんざし袋。袋のファンも多いとか。

アンティーク

（右から）セルロイド製の蘭の花は昭和初期のもの。／ガラスダイヤがついた昭和初期のかんざし。／緑のガラスをあしらった、セルロイドのかんざし。／バラの彫刻が施された本サンゴ製。（以上、ミロ・アンティークス）

その時代ならではのデザインや材質、時代を経て生まれる独特の雰囲気など、アンティークの魅力はひと言では言い表せません。未熟で不完全な技術の中にも素朴な味わいがあり、現代の最新技術とは次元の違う趣があります。ところで、骨董《こっとう》市では、アンティークとまではいかない、大正や昭和のレトロなかんざしが意外と安価で手に入ります。こちらは現代の服装にも馴染みやすいので、気軽な普段使いにおすすめです。

（右から）レトロな色使いのブリキのかんざし。／アールデコの雰囲気漂う花のかんざし。／翡翠《ひすい》のようなきれいな緑のガラスの玉かんざし。／根元についたスプリングが揺れる蝶のかんざし。（以上、ミロ・アンティークス）

飾りぐしと笄《こうがい》

飾りぐしは日本髪の髷《まげ》にさして飾るくしで、西洋のコームと違って、くしの幅の中央にしか歯がありません。笄はもとは武将が頭をかくのに使っていた道具で、その後、髪を巻きつけて髷を作る道具として使われるようになりました。（ミロ・アンティークス）

薩摩ボタン

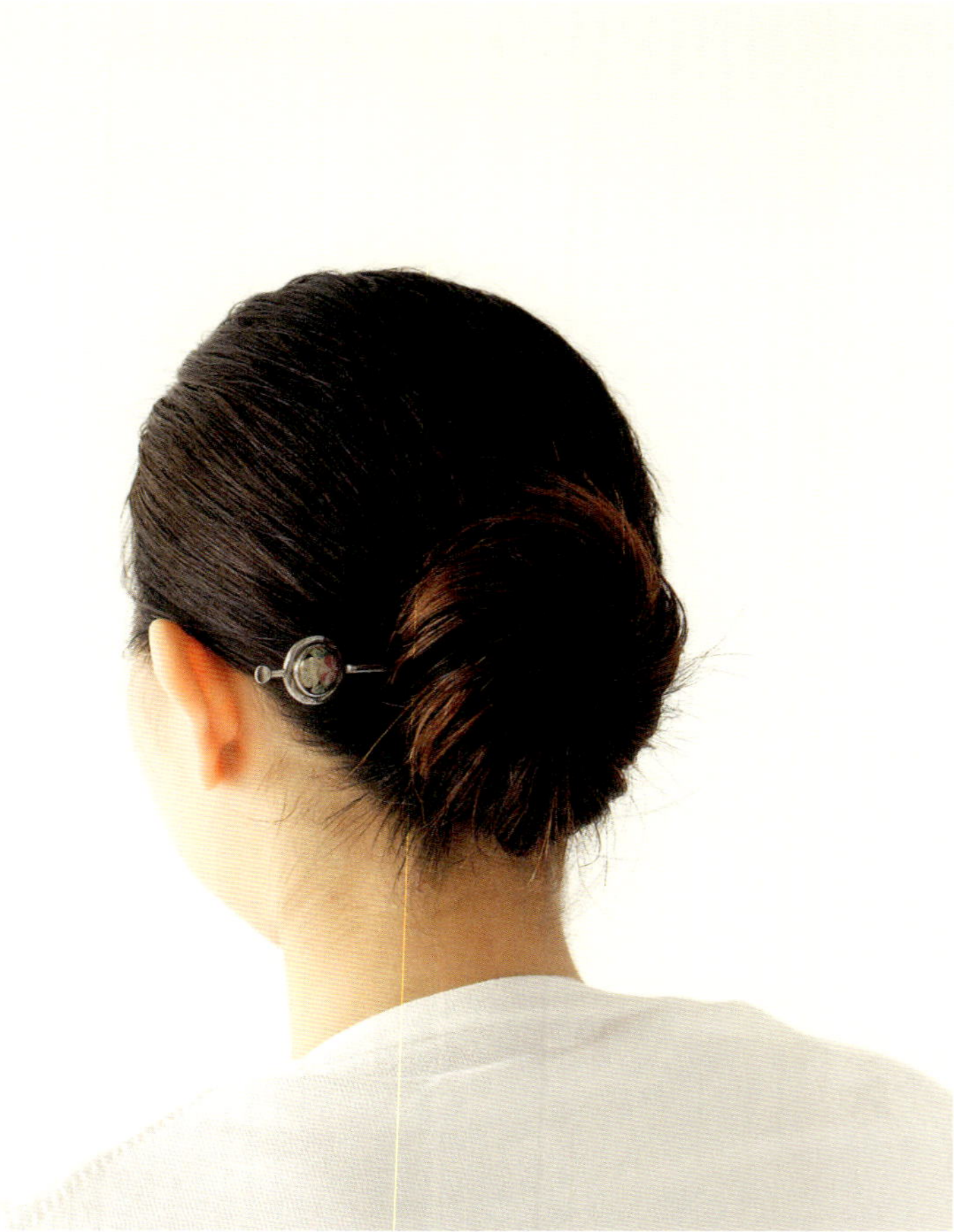

朝顔の図案の薩摩ボタンから作った薩摩かんざし。浴衣にもよく似合いそうです。
（アロハタワー）

薩摩《さつま》ボタンは、陶器でできた優美なボタンのこと。薩摩焼きで培われたノウハウをもとに、わずか15ミリの直径の中に、日本絵画の花鳥風月が描かれた芸術品です。もともと幕末に薩摩藩が幕府に対抗する軍資金を得るため、海外輸出を目的として作ったものでした。さて、完全復刻の薩摩ボタンから好みの絵柄を選んで作る、オーダーメイドのかんざしを見つけました。いぶし銀の本体に薩摩ボタンの美しい絵がよく映えます。

コレクターズアイテムとしても人気の薩摩ボタン。どの図案も魅力的です。(すべて、アロハタワー)

おだんご

ポニーテールから作る基本のおだんごヘアは、どんな服装にも似合います。
梅鉢モチーフのかんざしをさして。（アズマ）

おだんごヘアは、おだんごの位置や大きさによって、さまざまなバリエーションが楽しめる、人気のまとめ髪です。小さくまとめればスポーティーに、ふんわりまとめればフェミニンに、低い位置でゆったりとまとめればエレガントに、左右の耳の上におだんごを作ればチャイニーズ風……。少しのアレンジでいろいろな雰囲気を楽しめるのが魅力。巻末の「おだんご手帖」を参考に、まずは、基本からマスターしましょう。

大人おだんご

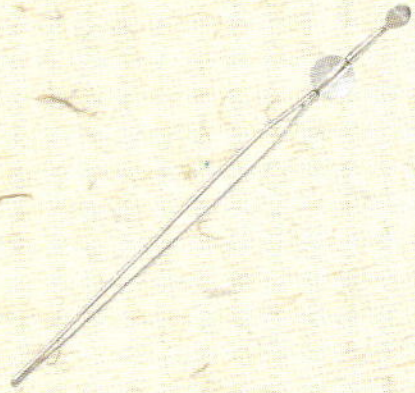

おだんごを低い位置に作ると、大人っぽい雰囲気。髪を束ねる位置を変えるだけで、あとは基本と一緒です。／ガラスの玉かんざし（きもののおとも）

キュートおだんご

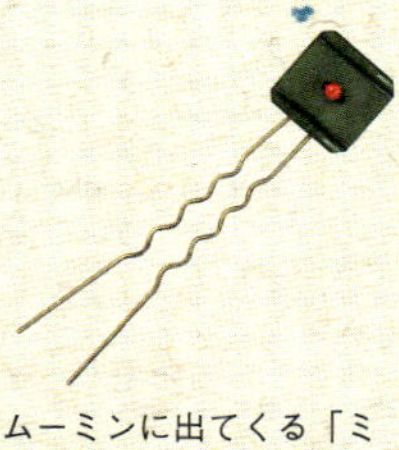

ムーミンに出てくる「ミー」のような、頭頂部に作るおだんご。若い女性に人気です。／ボタンのかんざし（YOROZUYA ◎ZAKKABU）

サイドおだんご

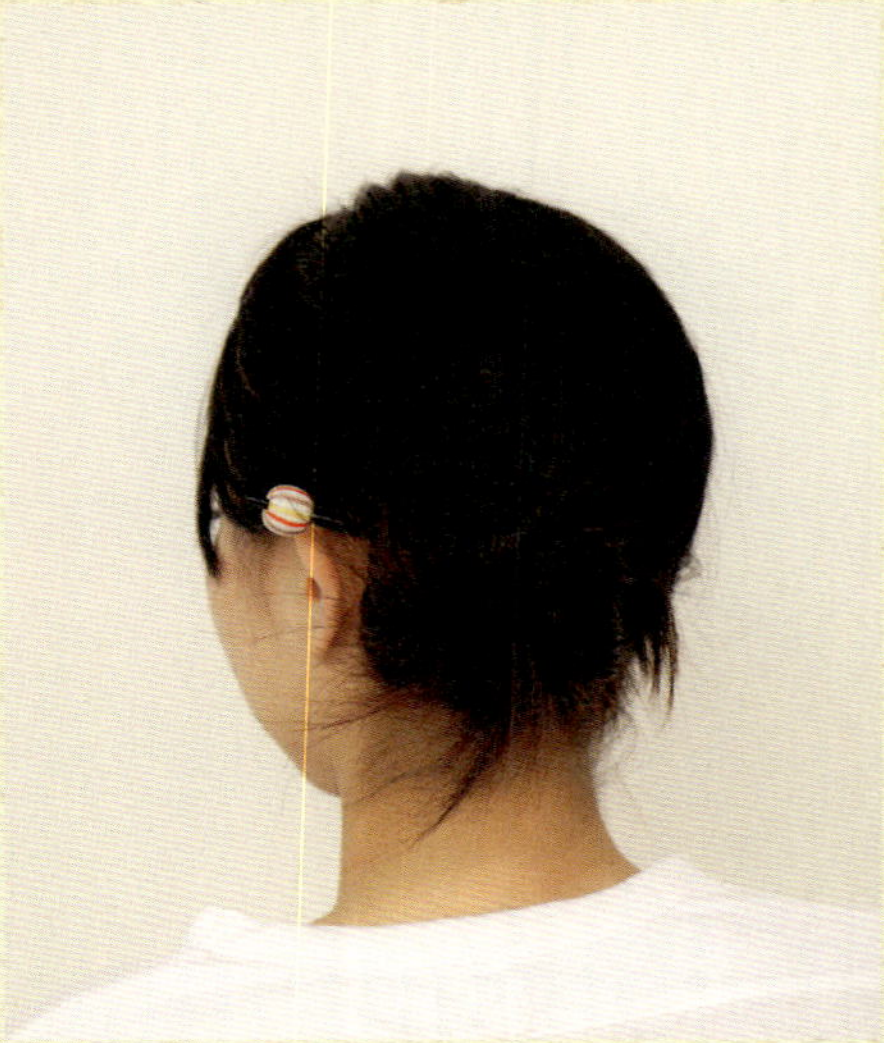

耳の後ろで作るおだんごは女性らしい雰囲気。かんざしが正面からもよく見えます。／カラフルな縞のとんぼ玉のかんざし（MADE IN TOSA物産）

華やかおだんご

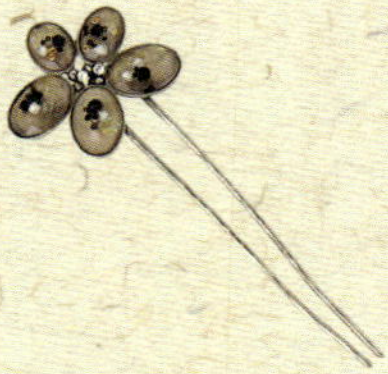

逆毛をしっかり立てて、ふんわりとさせたフェミニンなおだんご。パーティーにも似合いそう。／ビーズ入り樹脂の花かんざし（TAMARU産）

ふたごおだんご

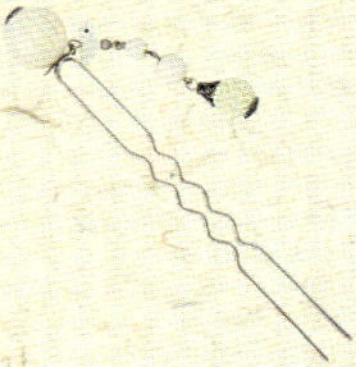

ツインテールで作るおだんごは活動的で若々しい印象。左右のおだんごの高さを変えるのがポイントです。／象牙調玉かんざし（FourSeason）

上下おだんご

上下２段のおだんごは、きりりとした雰囲気。髪の量が多い人でも、２段にすればコンパクトにまとまります。／つぼみのようなかんざし（坂の下）

四季

はる

白い桃の花のかんざし。（FourSeason）／クローバーのヘアゴム。（イーザッカマニアストアーズ）

なつ

なでしこ（右）と金魚（左）のシルバーのかんざし。（かざりや鐐）

着物を着るようになって、季節の移り変わりを身近に感じるようになりました。かんざしや帯留めなどの小物も含め、季節の柄を少しだけ先取りして身につけるのが、着物の粋な楽しみでもあります。洋服姿にさすかんざしなら、とくに季節の柄にこだわる必要はありませんが、春は桜色や若草色のかんざしを、夏は透明感のあるガラス玉のかんざしをなど、季節をイメージして選ぶと、おしゃれの幅が広がります。

ふゆ

雪の結晶模様の平打ちかんざしと、おそろいの飾りぐし。（ジェイス青山）

あき

ほおずきのかんざし。（かんざし屋）／金属製の丸菊かんざし。（ふりふ）

花かんざし

舞妓さんが使う花かんざしは、月ごとに季節のモチーフが決まっています。季節感を出したいときのモチーフ選びの参考になります。

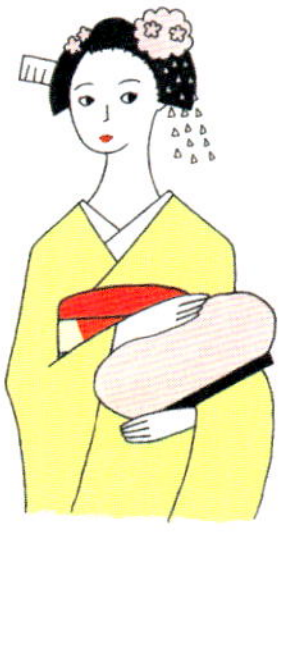

一月：「松竹梅」「寒菊」
二月：「梅」
三月：「菜の花」「水仙」「桃」「牡丹」
四月：「桜」
五月：「藤」「あやめ」
六月：「柳」「紫陽花」
七月：「うちわ」
八月：「ススキ」「朝顔」
九月：「桔梗」「萩」
十月：「菊」
十一月：「紅葉」「銀杏」
十二月：「まねき（歌舞伎役者の名前を書いた木の看板）」「餅花」

ヘアクリップ

お花の飾り部分がクリップ状になったかんざし。軸の部分を髪にさしてからクリップで押さえるため、一本でしっかりと髪をまとめられます。(ROSH)

フォークのような長い歯を持つクリップ。地肌の髪をすくうように横からさして挟みます。(スタイルセレクト)

バレッタのようなバンスクリップ。両側から出た長い歯で髪をすくい、飾り部分との間に挟んで固定します。(リトルムーン)

茶色に黒い縁取りの花がシックなバンスクリップ。モチーフ全体がクリップになっています。(スタイルセレクト)

仕事や家事で髪が邪魔なときに、鏡を見ずに素早くまとめ髪ができる手軽さが、ヘアクリップのよいところ。とくに歯のしっかりかみ合う大きめのバンスクリップは、かんざし一本でまとめるには長くなりすぎた髪をがっちりホールドしてくれる、頼もしいアイテムです。ほかにも、くちばし型のダッカールクリップ、フォーク型のもの、かんざしとクリップの機能を兼ね備えたものなど、いろいろな種類のクリップがあります。

シンプルな丸いフォルムに、和風の菊柄が印象的なバンスクリップ。フランス製です。（コラゾン）

パープルに輝くストーンが宝石のような小さなクリップ。サイドの髪をとめるワンポイントに使っても。（ROSH）

サクランボモチーフが愛らしい、小さな小さなプチヘアクリップ。2つ並べてとめましょう。（リンロンフワミー）

天然石をあしらったダッカールクリップ。ホールド力のあるくちばしで挟むだけで、セミロングならフルアップもできます。（リトルムーン）

お仕事へアクリップ

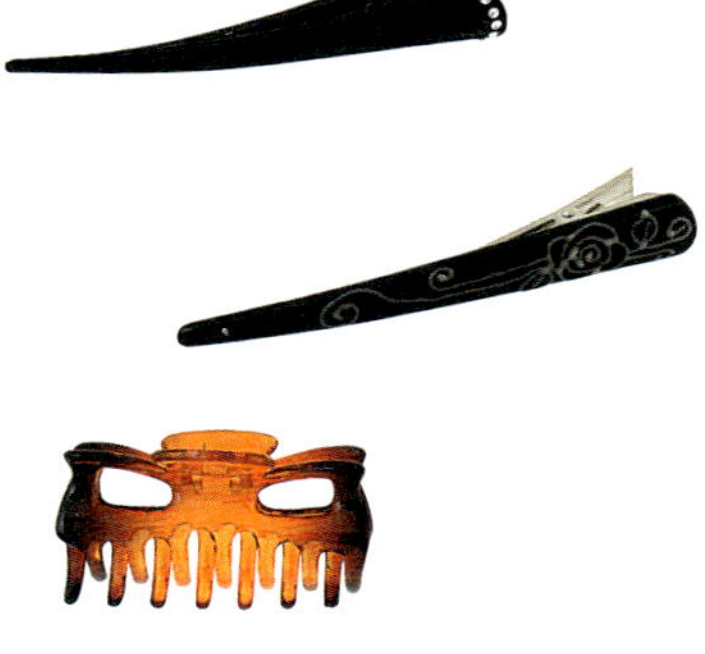

仕事場での髪飾りは控えめが基本。黒やべっ甲色など、髪の色に馴染む色がおすすめです。（上から）控えめなラインストーンがついたクリップ。（スウィートキス）／上品なバラの花が描かれています。（リンロンフワミー）／べっ甲色の大きめバンス。（スウィートキス）

ヘアクリップを使ってまとめ髪

ストライプのダッカールクリップ。（スウィートキス）

ラフなアップに

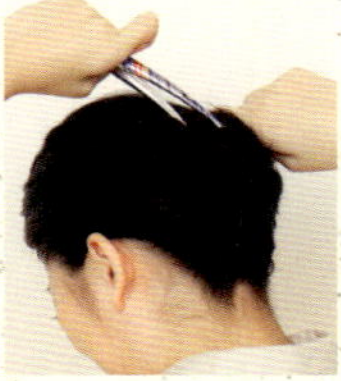

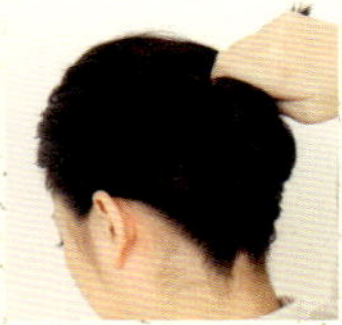

1. 髪を1束に集め、ねじり上げます。

2. ねじった毛先から根元に向かってクリップをさし、毛束をとめます。

お花モチーフのプチバンスクリップ。（リンロンフワミー）

前髪をとめる

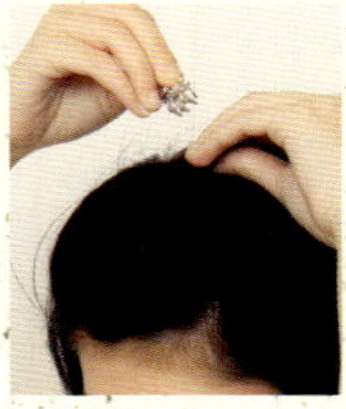

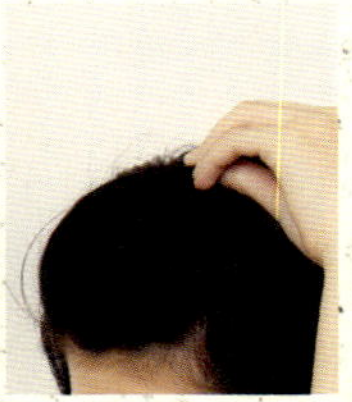

1. 前髪を集めて軽くねじります。ねじった毛先を持って前に押すと、ポンパドール風に。

2. 前髪をクリップでとめます。

クラシカルな雰囲気のクリップかんざし。（リンロンフワミー）

サイドでとめる

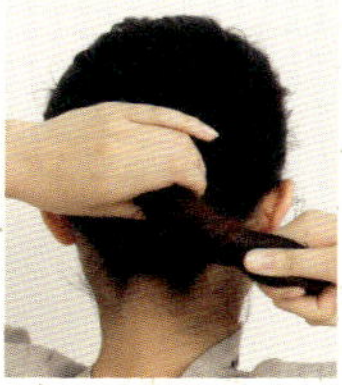

2. さらにきつくねじってサイドに寄せ、根元の髪と一緒にとめます。

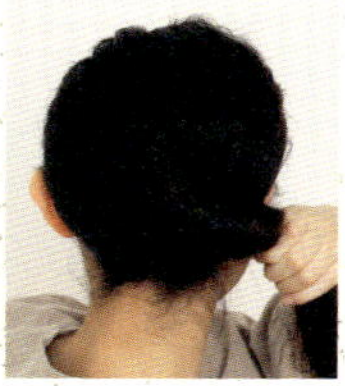

1. 髪を１束に集め、ねじります。

べっ甲色の小さなバンスクリップ。（スウィートキス）

おだんごをとめる

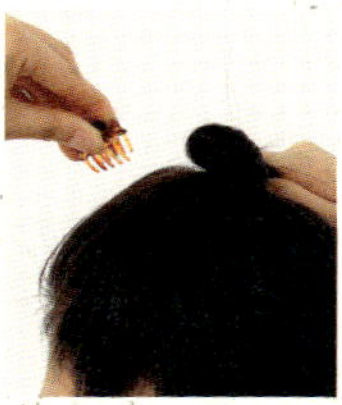

2. 毛束をねじっておだんごを作り、根元にクリップでとめます。

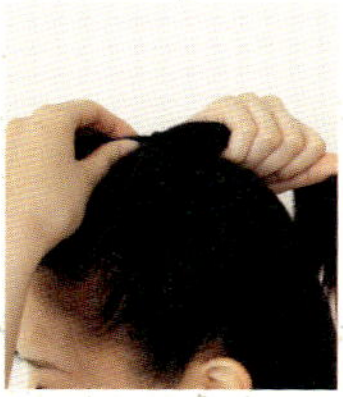

1. トップの髪を１束に集め、ゴムでしばります。

夜会巻き

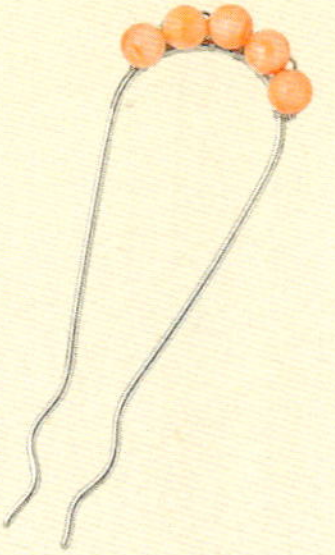

（右上）幅広にカーブしたU字形の軸にサンゴの玉を並べた、夜会巻きかんざし。（しぇんま屋）／（左上）大粒のグリーンフローライトが美しい天然石のかんざし。（ベリージャム）

明治時代、鹿鳴館《ろくめいかん》の夜会に出席する女性がドレスに合わせて結った、束髪《そくはつ》の走りといわれる髪型が「夜会巻き」です。おだんごなどのまとめ髪に比べるとエレガントな印象で、柔らかい素材のワンピースやブラウスによく似合います。また、夜会巻きの毛先をきっちりと中に入れ込まず、外に出して遊ばせると、カジュアルな雰囲気に仕上がります。毛先が跳ねてしまう場合は、事前にカーラーで巻いておくといいでしょう。

髪を夜会巻きにしてみましょう

1

髪をくしでとき、1束に集めます。

2

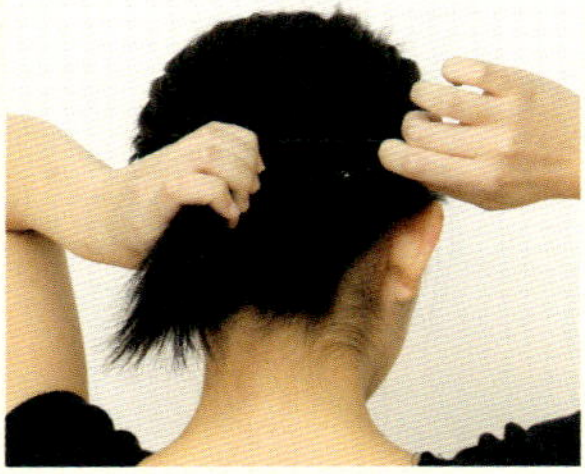

ゴムでしばります。このとき、根元よりやや毛先のほうでゆるめにしばるのがコツ。

3

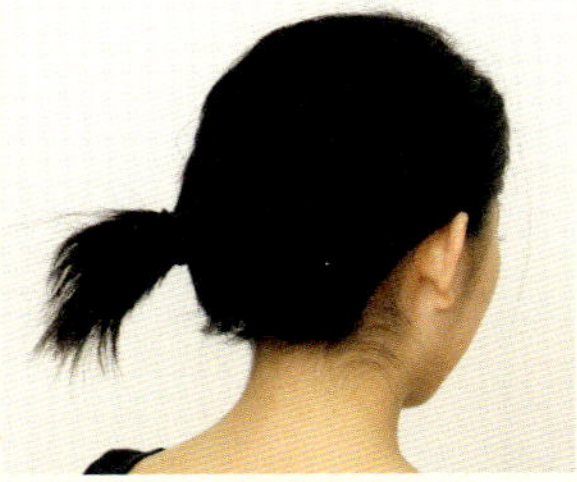

ゴムでしばった状態。このような感じになります。

4

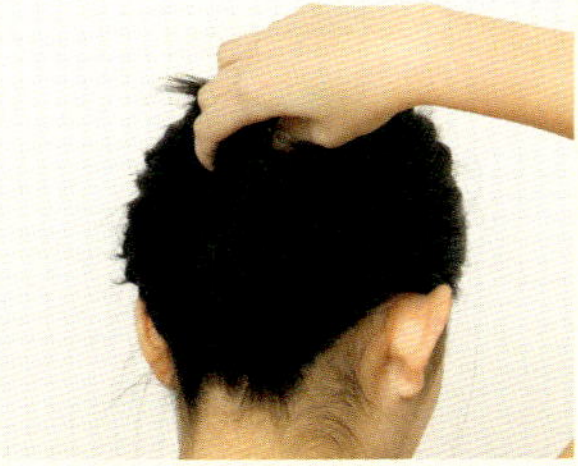

逆手でゴムのあたりを持ち、毛先をねじります。ねじったとき、ちょうど親指が右にくるようになります。

5

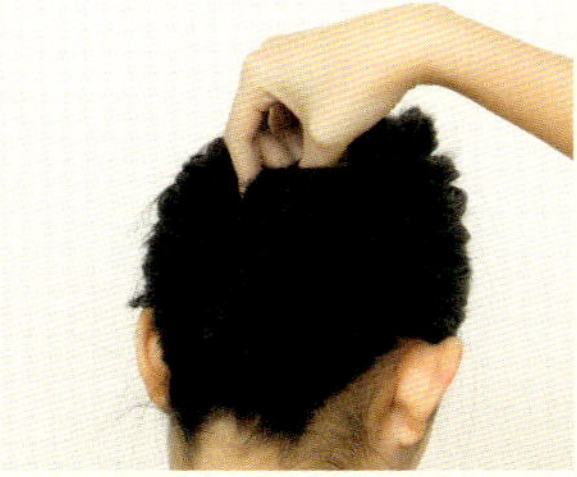

さらに根元がきつくなるように、毛束を内側に入れ込みます。

6

根元をピンでとめます。ピンが表から見えないように、内側に入れ込んだゴムにかませるようにとめます。ピンは交差するように2本さします。

コーム

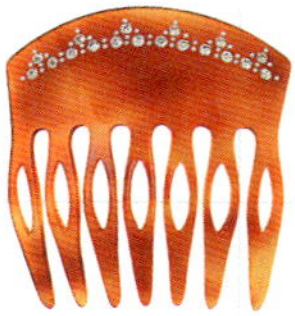

1960年代のプラスチックコーム。べっ甲色にラインストーンの飾りが上品です。(TARA)

ラインストーンが一列に並んだすっきりしたコーム。波形の歯で、フルアップの髪もしっかりとまとまります。(スタイルセレクト)

1980年代のプラスチックコーム。花の飾り部分が立体的になっています。(TARA)

プレーンなデザインのプラスチックコーム。貝殻のような美しい光沢です。(TARA)

日本髪に使う飾りぐしと西洋のコームとの違いは歯。日本髪を結った髷《まげ》にさす飾りぐしには髷の幅だけ歯があれば十分ですが、洋髪に飾るコームはくし全体を髪にさすため、くしの幅全体が歯になっています。コームの大きさはさまざまで、幅の広い特大のコームは、夜会巻きなどのまとめ髪にも便利。中くらいのものはサイドの毛を押さえるのに使ったり、小さなコームはおだんごの根元にとめて飾るのもかわいいですね。

ドイツ製ヴィンテージパーツのシックな花のコームです。（Gallon）

すっきりとしたラインのコームにつけられた、四角い飾りが印象的です。（TAMARU産）

乙女チックなハートのコーム。揺れるパールの飾りがチャーミングです。（TAMARU産）

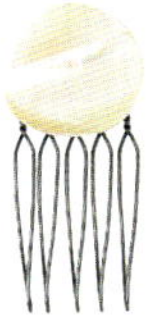

ヴィンテージシェルボタンのシンプルなコーム。ミニサイズです。（YOROZUYA◎ZAKKABU）

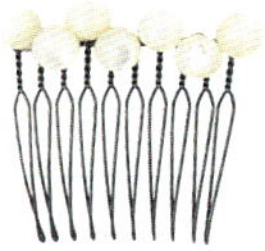

小さなシェルボタンを並べたコームはどんな装いにも似合いそうです。（YOROZUYA◎ZAKKABU）

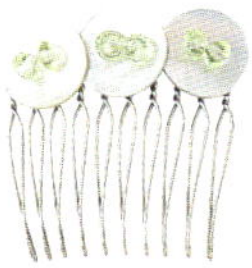

1930年代のフランスのシェルボタンにチェコビーズをあしらったコーム。（TARA）

チャーミングな三つ葉のコーム。ハーフアップやおだんごのアクセントに。（TAMARU産）

コームのつけ方

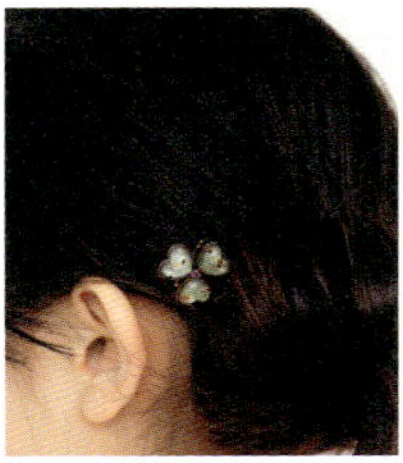

おだんごの根元に

おだんごにさしてアクセントに。おだんごの根元から地肌の毛をすくうようにさします。

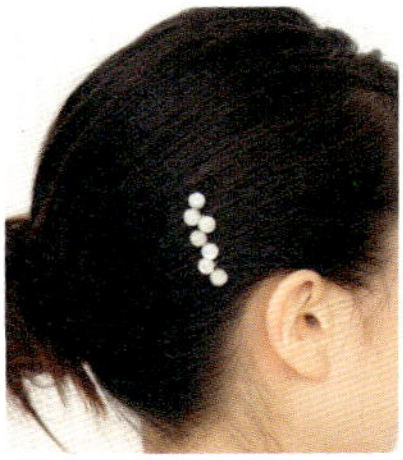

サイドの髪をとめる

サイドの髪をとめるときは、耳の後ろから前に向かって髪の流れと逆向きにさします。

かんざし袋

フィードサックで作ったかんざし袋。専用のかんざし袋があれば、持ち歩くときも安心です。

大切なかんざしを保管するときや持ち歩くときに、専用のかんざし袋があったらいいなと思い、作ってみました。かんざしをしっかり保護するためには、少し厚手の布を使うのがいいようです。薄い布を使う場合は、布の裏に厚手の接着芯を貼ってから作ると、しっかりとした仕上がりになります。袋の長さや幅は、手持ちのかんざしのサイズに合わせて自由にアレンジしましょう。

作ってみましょう

でき上がり寸法：幅５×長さ16センチの場合

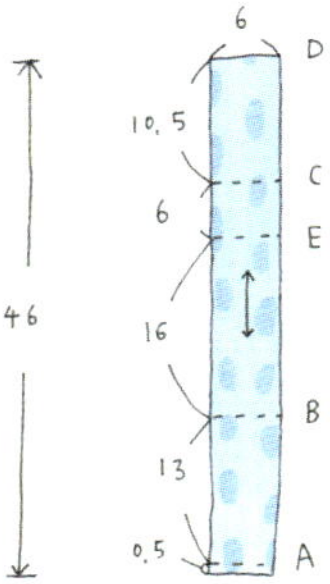

図の通りに布を裁ち、Aの位 1
置で外表に折って、端ミシン。

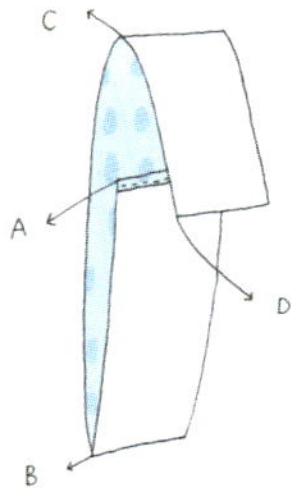

B、Cの順に中表に折ります。 2

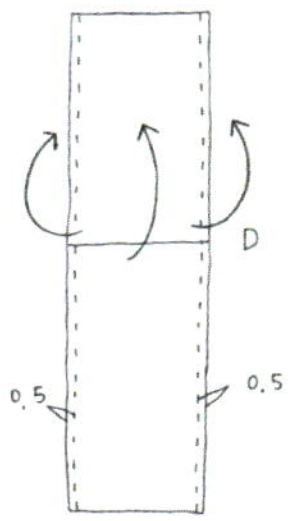

縫いしろ５ミリで両脇を縫 3
い、Dの口から表にひっくり
返します。

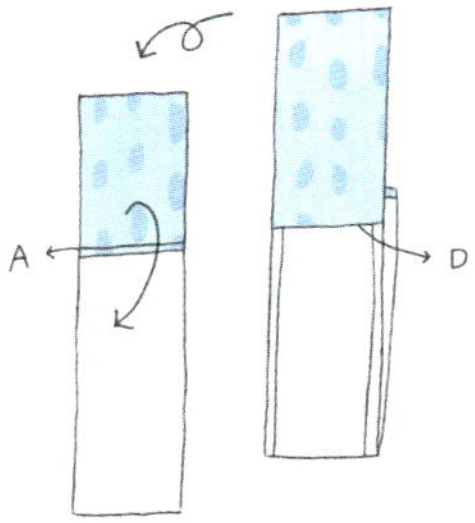

続いて、Aの口から表に返し、 4
アイロンで形を整えます。

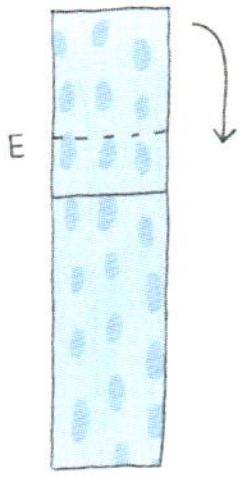

上から６センチの位置（E） 5
で折り返し、ふたにします。

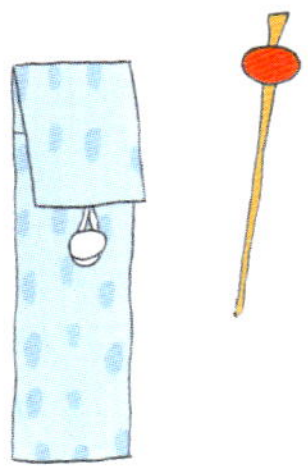

ふたの先にひも、本体にボタ 6
ンをつけて、でき上がり。

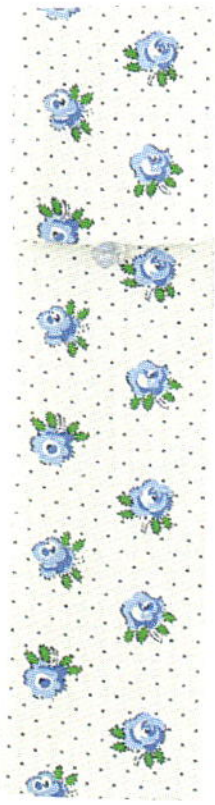

ヴィンテージのドレスファブリックで作ったかんざし袋。

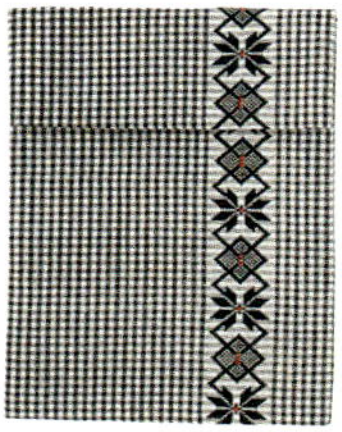

幅広に作ったかんざし袋。かんざしを並べて保管するのに便利です。

いろいろなものをかんざしに

鉛筆を

鉛筆は、絵や字を描く道具ですが……、

そのまま使って

字や絵を描く以外にも使えます。それは……、

かんざしに

頭にさすと、スティックかんざしに早変わり！

アメリカ映画で、男勝りの女性が頭にペンをさして働くシーンを見かけました。無造作に束ねたブロンドの髪にさしたペンは、ワーカホリックの象徴でもあり、その素っ気なさが逆に女性の色気を引き立たせる、上手な演出です。さて、身の回りを見回してみたら、ペンのほかにも、かんざしになりそうなものがいろいろありました。ちょっとしたまとめ髪の道具やアクセントとして使ってみると面白いと思います。

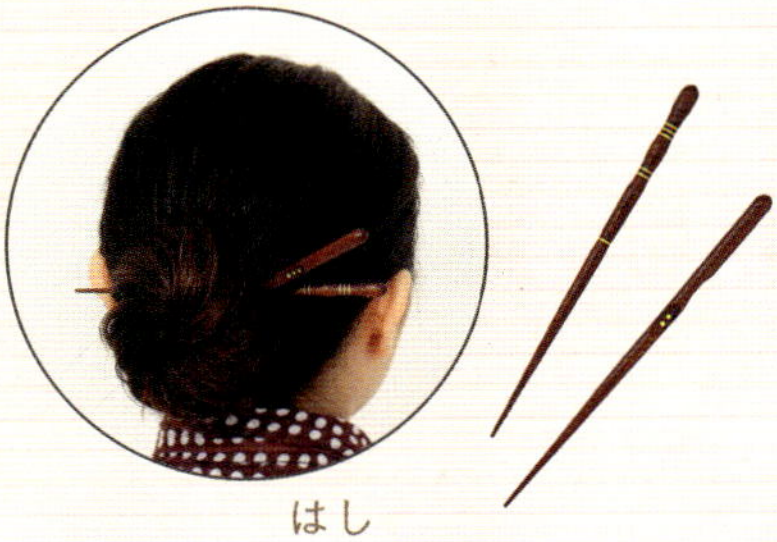

はし

かんざし用に売られているはしもありますが、普通のはしも、もちろんかんざしとして使えます。

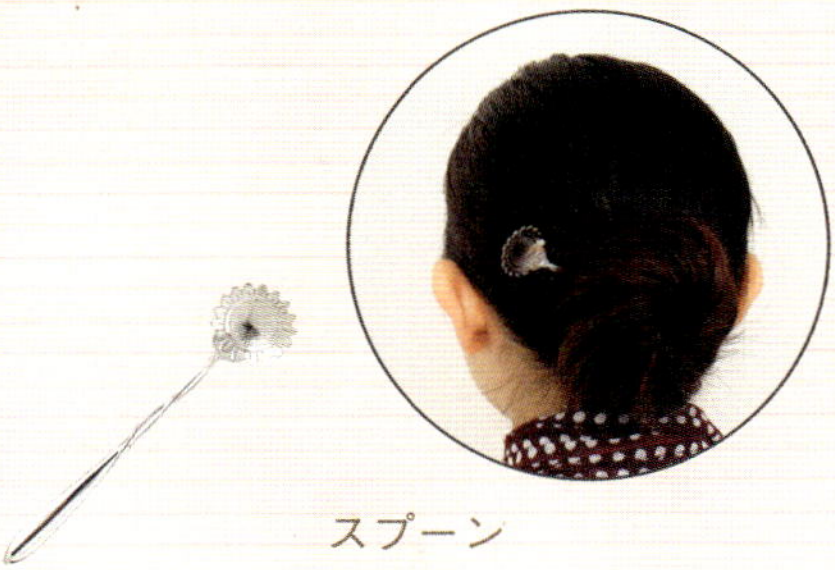

スプーン

スプーンにも、かんざしに使えそうな面白いデザインのものがさまざまあります。

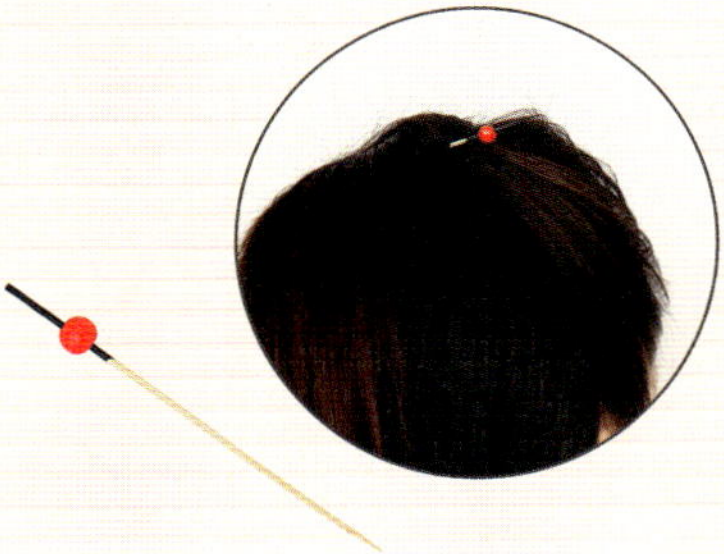

串

飾りのついた串なら、いろいろ活用できます。「かんざし串」という小さなかんざしの形の串。ぽつんとしたワンポイントに。

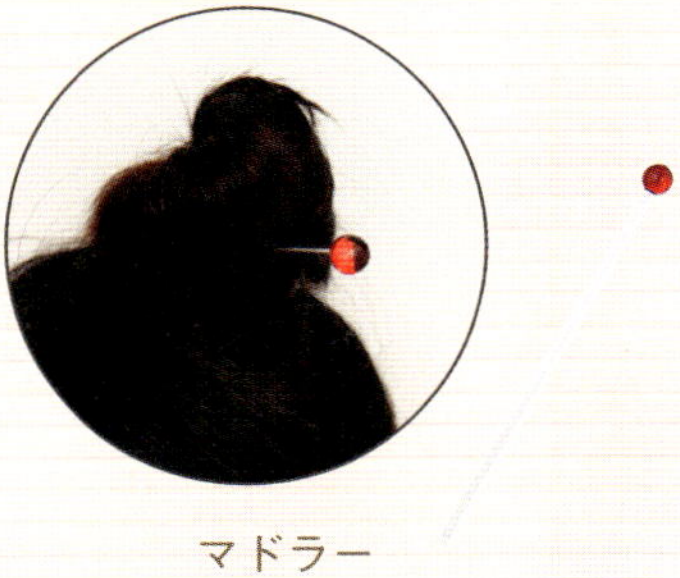

マドラー

マドラーはかたさや長さが、かんざしの代用にちょうどいい。透き通る赤い玉のマドラーは、まるで玉かんざしのようです。

茶しゃく

大きな耳かきのような茶しゃくの形は、時代もののかんざしそのもの。

豆かん

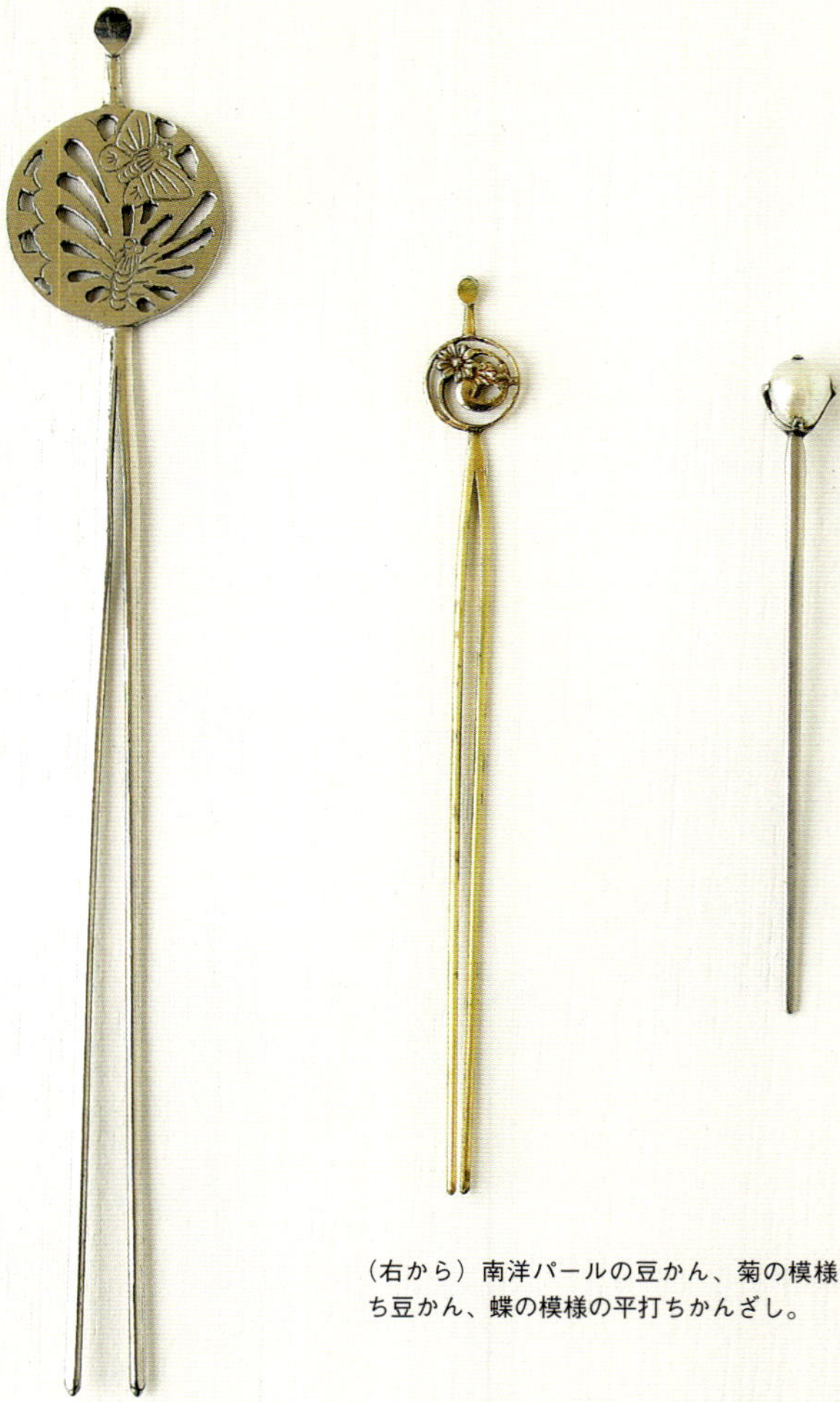

（右から）南洋パールの豆かん、菊の模様の平打ち豆かん、蝶の模様の平打ちかんざし。

アンティークショップや骨董市で、手のひらに収まる小さなサイズのかんざしをときどき見かけます。聞いた話によると、日本髪の前髪部分にさすもので、「前かん」と呼ぶのだそうですが、豆粒のように小さいので、勝手に「豆かん」と呼んでいます。飾りの小さな豆かんは愛らしく、髪にさしたときのぽつんとさりげない雰囲気が気に入っています。軸足も短いので、小さなおだんごやハーフアップの飾りにもぴったりです。

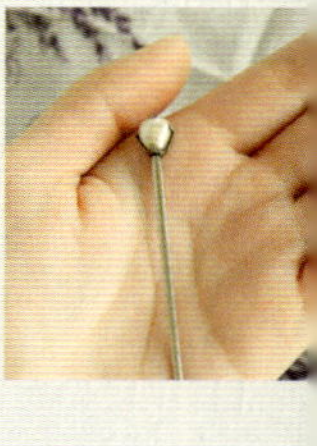

ハーフアップに豆かん

軸の短い豆かんはハーフアップにさしても、軸が長く飛び出して邪魔になることがなく安心です。／長さ6センチ！　チェコビーズの豆かん。（かんざし屋）

ハーフアップの作り方

1

トップの髪を1束に集めます。

2

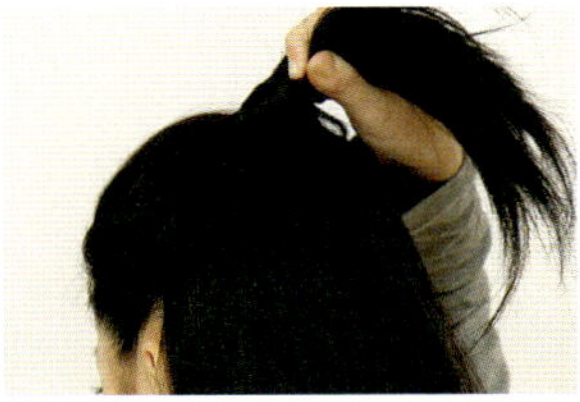

毛束を持って、右に軽くねじります。

3

ねじった毛束を寝かせ、下に持っていきます。

4

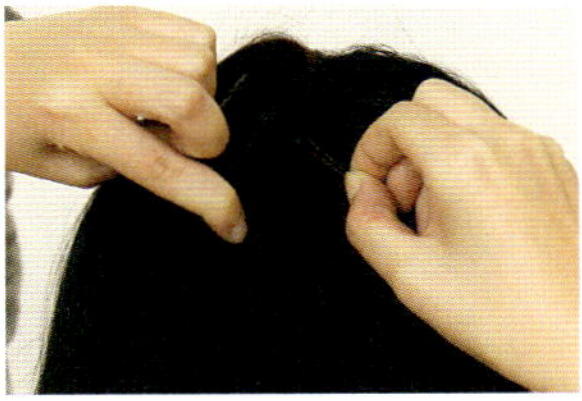

下から上にピンをさし、毛束を根元にとめます。

スティック

ジャングルが描かれた、木製かんざし。(TAMARU産)

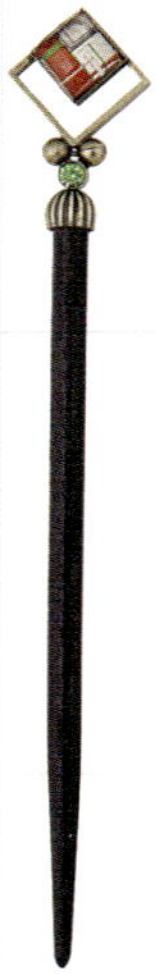

設計図が描かれた、四角い飾りの木製かんざし。(TAMARU産)

しだれる枝が優雅な、金属製のかんざし。(アズマ)

きれいな色の、はしタイプのかんざし。(ROSH)

仕事のときのまとめ髪に、スティックタイプのかんざしを使っています。飾りのないシンプルなスティックかんざしできりっと髪をまとめると、仕事に気合いが入ります。仕事の内容やオフィスの雰囲気などにもよりますが、仕事場ではなるべくすっきりとしたデザインのものを選び、仕事が終わったら少し華やかなものにつけ替える……。オンオフを使い分けるのがかっこいいと思います。

魔女の杖のような、神秘的なスティックかんざし。(ROSH)

クリアなスティックにカラフルな飾りが映えます。(ROSH)

金魚の模様の結びかんざしは、和のテイスト。(コラゾン)

色鉛筆？　いえいえ、かんざしです。(ROSH)

はしでかんざしを作りましょう

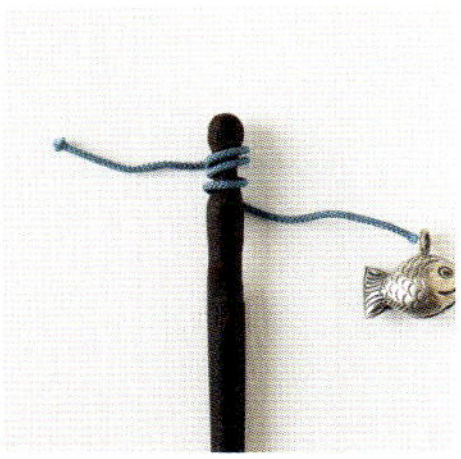

1 はしの先にひもを2～3回巻きつけます。

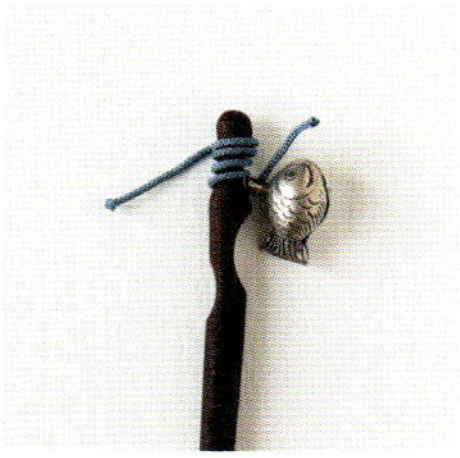

2 ひもにチャームを通してしっかり結んだあと、接着剤で固定します。

かんざし金具

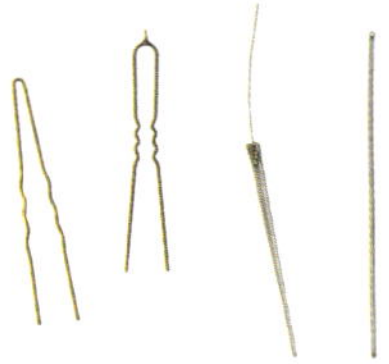

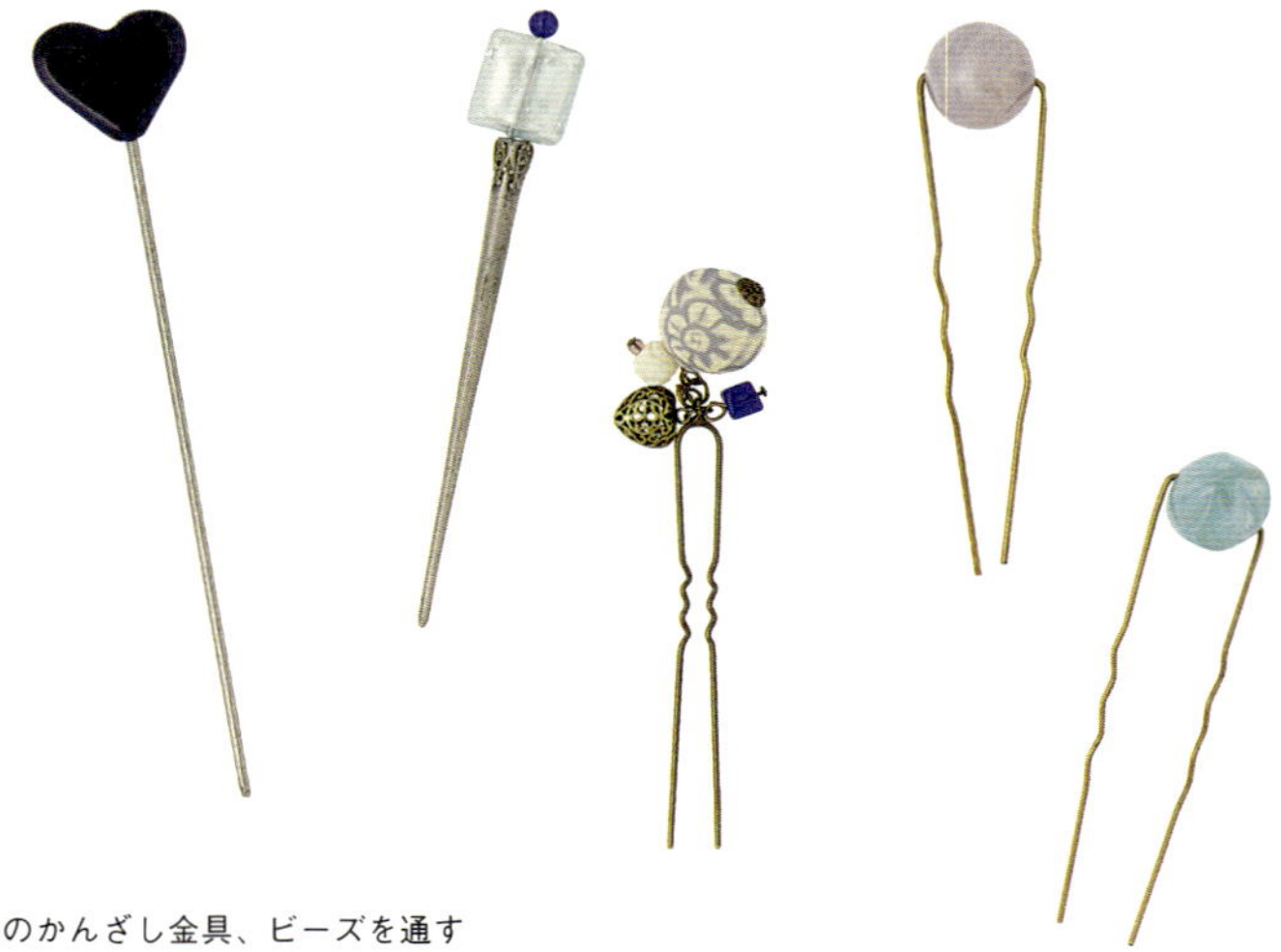

１本軸のかんざし金具、ビーズを通す針金のついたもの、Uピンタイプ、Uピンの先に輪のついたものなど、さまざまなかんざし金具があります。

手芸屋さんのアクセサリーパーツ売り場には、さまざまなかんざし金具が売られています。これらの金具を使うと、簡単にかんざしが作れるのを知っていますか？

市販のかんざしに飽きたら、ビーズやチャームなどの飾りと組み合わせて、オリジナルのかんざしを作ってみるのはいかがでしょう。お気に入りのビーズを通すだけのものから、ちょっと複雑な揺れものまで、作りたいかんざしをイメージして金具を選びましょう。

１本軸のかんざし金具

１本軸の金具にビーズを通して接着剤で固定します。かんざし金具の軸が通る、穴の大きなビーズを選ぶのがポイント。金具の先端の輪に飾りをつけても。

針金つきの１本軸

針金部分にビーズを通し、必要な針金の長さを測ります。針金がビーズから出ないようにやや短めにカットして、接着剤で固定。ビーズの先で針金を輪にして、飾りをぶら下げても。

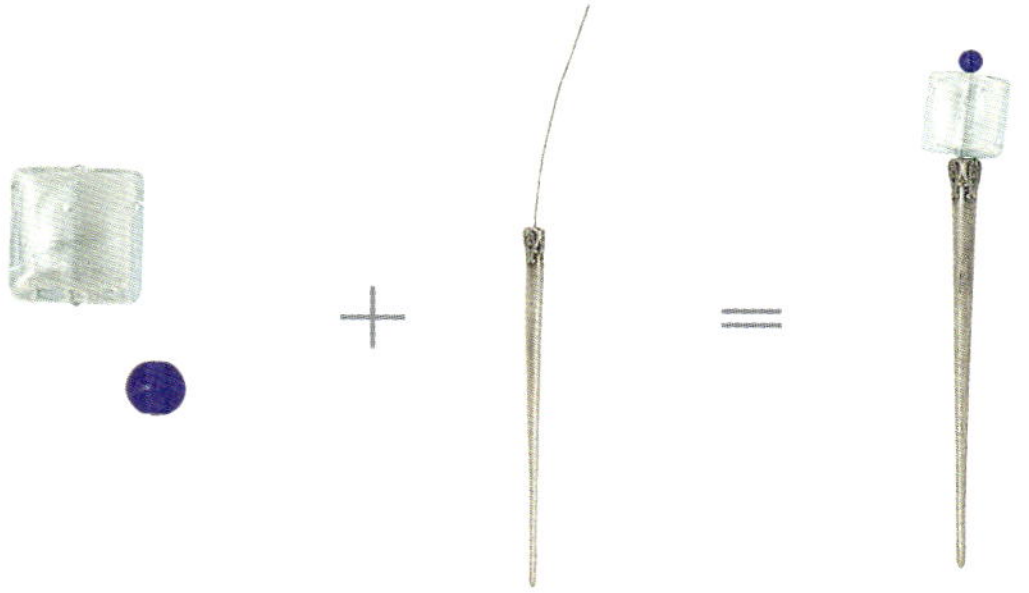

輪つきＵピン金具

チャームはマルカンで、ビーズはＴピンとマルカンで、メインになる大きめのビーズには菊座をつけてＴピンとマルカンで、それぞれＵピンの先についた輪につないで作ります。

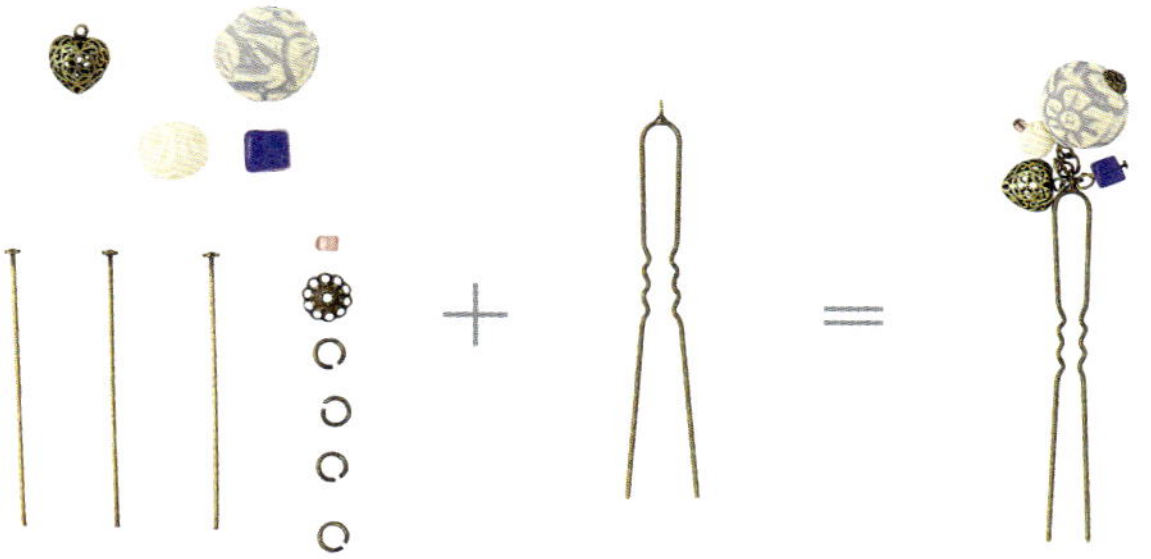

Ｕピン金具

Ｕピン金具の足をまっすぐに伸ばします。ビーズの穴に金具を真ん中まで通し、金具の端をＵ字型に曲げて、でき上がり。なお、ビーズを選ぶときは、穴に金具が通るかどうか確認を。

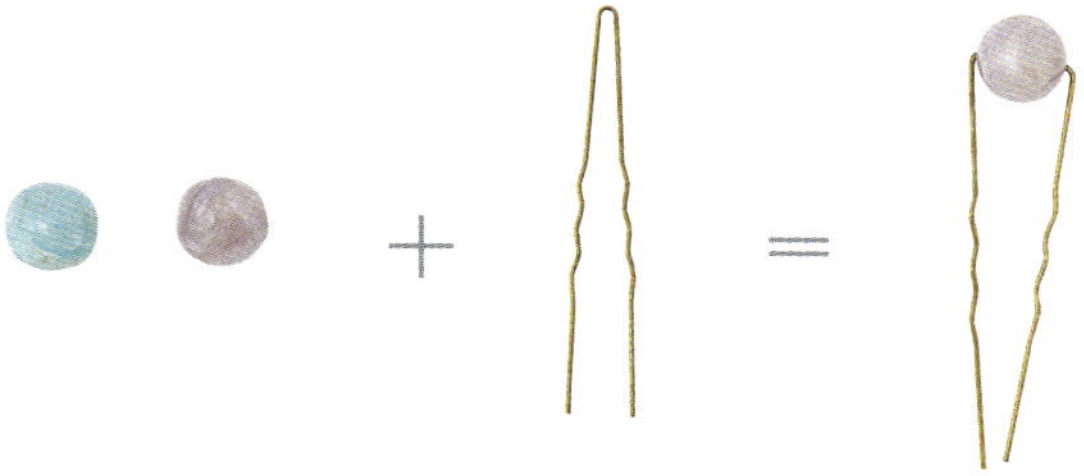

べっ甲

美しい透かし彫りが施された、唐草模様のかんざし。(上ノ坊製作所)

べっ甲は玳瑁《たいまい》という海亀の甲羅《こうら》を原料とした装飾品です。厚さ1〜3ミリの薄い板状の原料を水と熱だけで張り合わせ、美しく磨き上げて加工します。色によって白《しろ》甲《こう》・トロ甲・黒甲《くろこう》・茨布《ばらふ》（まだら模様）と呼び名が変わり、透明なあめ色の白甲ほど貴重とされています。合成素材との違いは、破損しても元通りに修理できること。ただし、虫食いの修理は新品を買うより高くなる場合もあるので、保管時には防虫剤をお忘れなく。

銀杏《いちょう》のモチーフの茨布のかんざしは、カジュアルなファッションにも似合いそうです。（上ノ坊製作所）

べっ甲のUピンには控えめな美しさがあります。小さめのUピン。（赤塚べっ甲店）

蒔絵を施した黒甲のかんざし。細やかな螺鈿《らでん》の細工入りです。（赤塚べっ甲店）

彫刻が施された、サンゴの玉かんざし。飾りの先は白甲、軸は黒甲です。（赤塚べっ甲店）

飾り部分に白甲、軸に黒甲を使った、シンプルなU字型のかんざし。（赤塚べっ甲店）

べっ甲軸の漆の玉かんざし。黒甲の軸に赤い玉がよく映えます。（赤塚べっ甲店）

アジアン

中国

カットビーズに蝶の飾りが揺れる、中華かんざし。（老維新）

韓国

ピニョは長さ約25センチの大きなかんざし。軸も太く、インパクト大です。（夢市場）

韓国

小さいサイズのかんざし、コチは違ったデザインのものを何本かさすのが韓国風。（夢市場）

韓国の歴史ドラマを見ていたら、とても大きなかんざしをさした女性が出てきました。この頭の幅よりも大きなかんざしは「ピニョ」といって、今でもチマチョゴリを着るときの韓国ヘアにさして使われているそうです。もうひとつ、韓国には「コチ」という小さいサイズのかんざしがあり、こちらは一度に複数本さして使います。長い三つ編みをまとめたウィッグをつけた上にさすと、より完璧な韓国ヘアのでき上がりです。

インドネシア

バリ島の木製かんざしは、シンプルで飽きのこないデザインです。（ROSH）

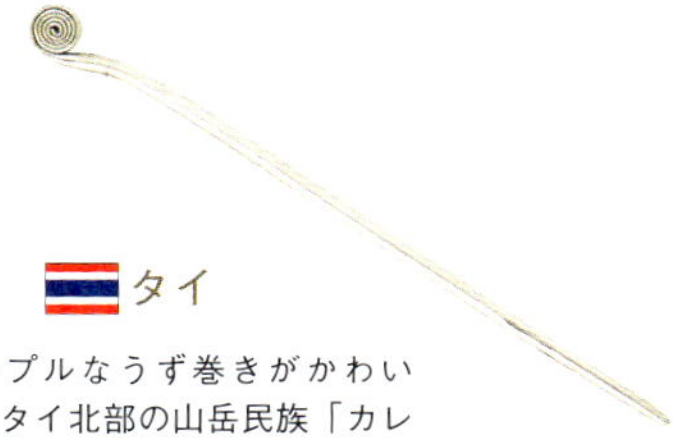

タイ

シンプルなうず巻きがかわいい、タイ北部の山岳民族「カレン族」のシルバーのかんざし。（チャイディー.ネット）

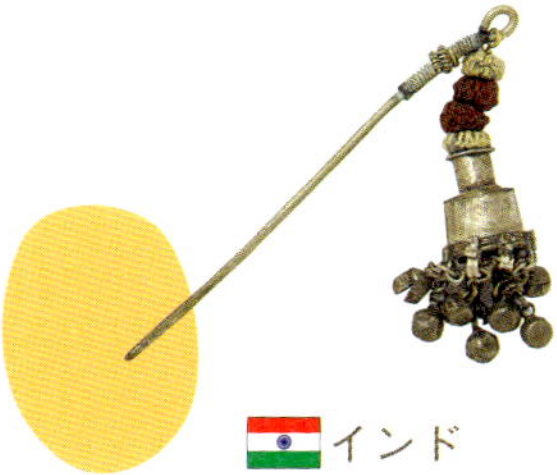

インド

シャラシャラと鈴の音がするインドの「ラジャスタン州」のかんざしです。（シサム工房）

ベトナム

水牛の角で作ったトカゲのかんざしは、しっぽが軸になった面白いデザイン。（グランアジア）

アジアンアップ

頭のてっぺんに高く作ったアジア風のおだんご。髪の毛をたくさんねじってゴムをぐるぐる巻き、高さを出すのがポイント。

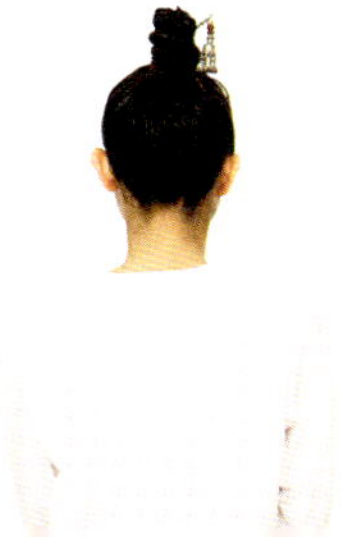

平打ち

山中塗の平打ちかんざし。（右から）鉄線、波に千鳥、桔梗片喰《かたばみ》。（以上、ここん）

平らな飾りのついた、軸足が1～2本のかんざしを「平打ちかんざし」と呼びます。漆塗り、べっ甲、木、金属など材質はさまざまですが、円形や菱形、亀甲形の枠内に蒔絵や透かし彫り、毛彫《けぼ》りなどの細工が施されたものが多いようです。玉かんざし同様、先端が耳かきになったものが昔は一般的でした。また、江戸時代に武家の女性に好まれた「銀平《ぎんひら》」と呼ばれる銀製の平打ちには、家紋をデザインしたものも多く見られます。

（上段、右から）梅の花の透かし彫りが美しい、水牛の角の平打ちかんざし。（うのはら）／片喰の平打ちは、錺《かざり》かんざし職人「三浦孝之」氏の作品。（ここん）／（下段、右から）透かし模様の水玉にシトリンが揺れる、シルバーの平打ちかんざし。（Atelier 華e）／シルバーの菊の花の平打ちかんざし。（かざりや鐐）

つげ

波がデザインされた、つげのかんざし。蝶の羽根のようにも見えます。

日本で古くから愛用されてきた、つげのかんざしやくし。緻密ですべすべとした硬質の木肌、そして、使い込むほどに出る美しいつやが魅力です。ところで、つげのお手入れに欠かせないのが椿油。つげ製品は定期的に椿油につけることで光沢が増し、髪にもつやを与えます。また、汚れを落とすときも水は使わずに椿油で洗います。つげを水に濡らすと木が膨らみ、光沢がなくなったりゆがんだりすることもあるので、注意を。

桔梗のデザインが愛らしい豆かんざし。

唐草模様が透かし彫りされた、バレッタ風髪飾り。

葉っぱのデザインの１本軸のかんざし。

黒く染められたつげのかんざし。牡丹のデザインです。

銀杏の葉に唐草の透かし彫りが施された縁起のよいかんざし。

末広がりの銀杏の葉は、縁起ものとしても好まれるデザイン。

ひとつは欲しいつげのくし。手彫りのバラがチャーミング。

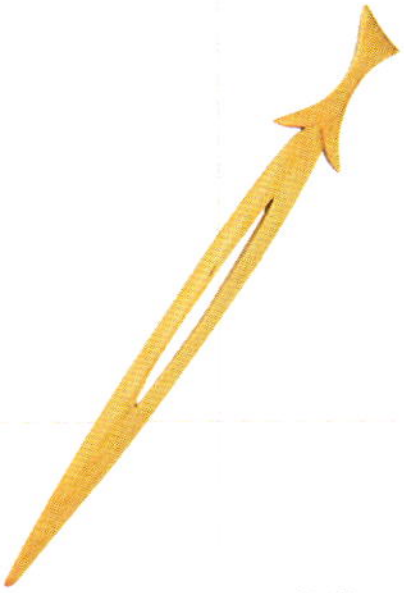

すっきりした松葉は、飽きのこないデザイン。

つげのかんざしなど／すべて、十三や

あったか

あったかかわいい小さなフェルトのパッチンどめ。(NUUB)

冬のおしゃれ小物にはフェルトや毛糸、毛皮など、温かい素材を使ったものが多くあります。あったか素材の小物には、身につけている本人の温かさよりも、見ている人の気持ちを温かくする効果がありますね。かんざしにも、あったか素材を取り入れてみましょう。冬のお出かけが楽しくなりそうです。

フェルトで花のかんざしを作りましょう

1

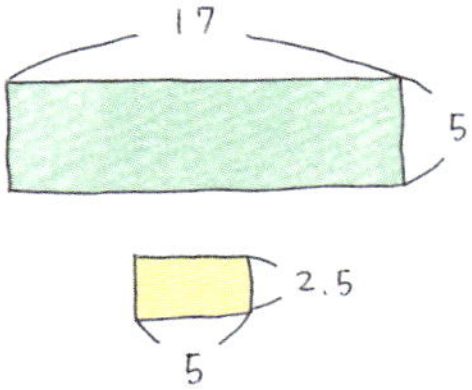

花びらと芯の２色のフェルトを用意し、図のように断ちます。

2

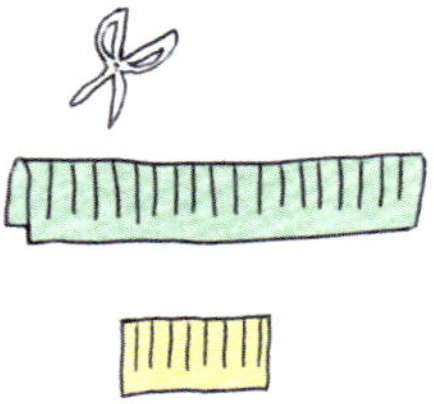

大きいフェルトは半分に折り、輪になった側に５ミリ間隔で２センチの切り込みを、小さいフェルトは長辺に３ミリ間隔で２センチの切り込みを入れます。

3

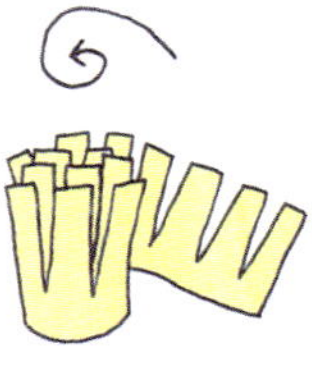

小さいフェルトの切り込みのない側を、端から丸めて芯を作ります。

4

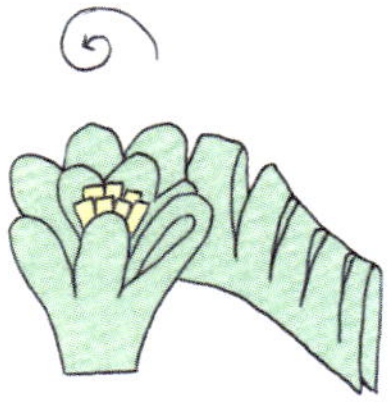

3のまわりに半分に折った大きいフェルトを巻き、花びらを作ります。

5

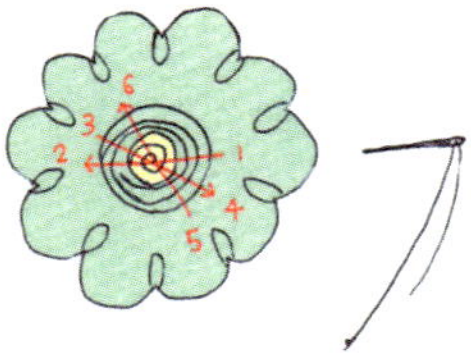

花を裏返し、巻き終わったフェルトの端から中心を通って反対側まで、針で糸を通します。位置を少しずつずらしながら、花びらと芯を固定します。

6

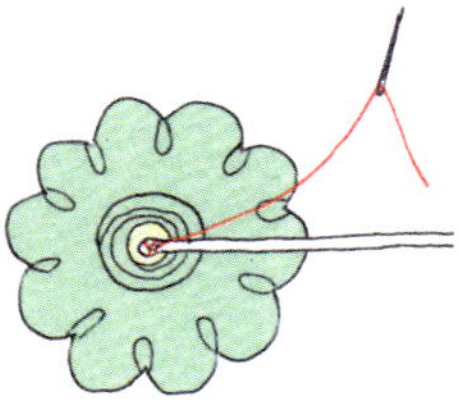

花の裏側にかんざし金具の先の輪を縫いとめ、接着剤で固定してでき上がり。

浴衣

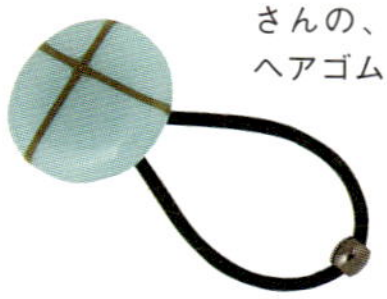

ガラス作家「あかしゆりこ」さんの、涼しげなガラスのヘアゴム。（ここん）

透明感のあるメロン色の楕円ビーズのかんざし。（Four Season）

アクリル玉の中を優雅に泳ぐ出目金と、揺れる飾りが涼しげです。（FourSeason）

ブルーのグラデーションが涼しげなラナンキュラスの豆花かんざし。（かんざし屋）

和柄の布地をアクリルの中に閉じ込めた、アクア玉のヘアゴム。（コラゾン）

淡いブルーの朝顔に揺れるガラスビーズが露のようです。（FourSeason）

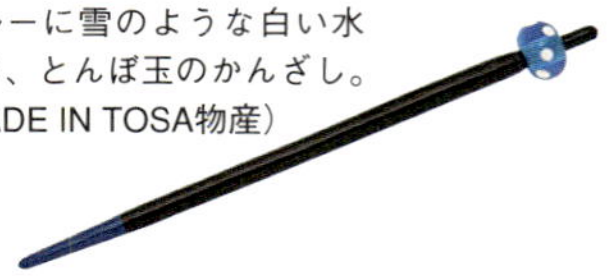

ブルーに雪のような白い水玉の、とんぼ玉のかんざし。（MADE IN TOSA物産）

花火大会や夏祭りなどで、浴衣姿の若い女性を見かけることが多くなりました。着物のときの髪型は髪の毛が衿にかからないのが基本。浴衣の場合、着物ほどきっちりまとめ上げる必要はありませんが、肩に触れる髪を軽く束ねるだけでも、すっきりスマートな浴衣姿になります。浴衣姿にさすかんざしは、金魚や朝顔などの夏らしいモチーフのものや、透明感のあるガラスなど、涼しげな素材のものがおすすめです。

クリスタルのような清楚なかんざし。（Four Season）／すだれ越しの夏草が涼しげな浴衣と博多織の半幅帯で。（以上、awai）

縁起もの

満開の桜は豊作の象徴。合格通知の「サクラサク」からも、桜の花の縁起のよさがうかがわれます。（小銀杏）

招きネコは、言わずと知れた招福のシンボル。右手でお金を、左手で人を招くといわれています。（小銀杏）

転んでも起き上がるだるまの置物は、さまざまな祈願の縁起ものとして有名。漆塗りのかんざし。（ここん）

中国では、桃は不老長寿のシンボルとして縁起がよいとされています。ユニークなアルミ製です。（ここん）

不老長寿といえば「鶴」「亀」「松」「エビ」「桃」、子孫繁栄といえば「ネズミ」「ブドウ」「ザクロ」「橙《だいだい》」「唐草」、出世や飛躍といえば「鯉」「龍」「馬」「ウサギ」、商売繁盛といえば「福助」「招きネコ」「宝船」「熊手」……。数多くの縁起モチーフがあります。「フクロウ（不苦労）」「南天《なんてん》（難を転じる）」「鯛（めでたい）」「タヌキ（他を抜く）」「カエル（無事帰る）」……と、語呂合わせから来る縁起ものも多いですね。

千年生きるといわれる鶴は長寿の象徴。丸く羽を広げた鶴は家紋にもあるポピュラーなデザイン。（ここん）

かわいい赤い実の南天は「難を転じる」といわれる縁起もの。赤いビーズと鈴のかんざしです。（かんざし屋）

ひょうたんは種子が多いことから子孫繁栄や子宝のシンボルとされています。（銀工房こじま）

麻は古くから神聖な植物とされ、魔よけの力があるといわれています。麻の葉模様のつげかんざし。（十三や）

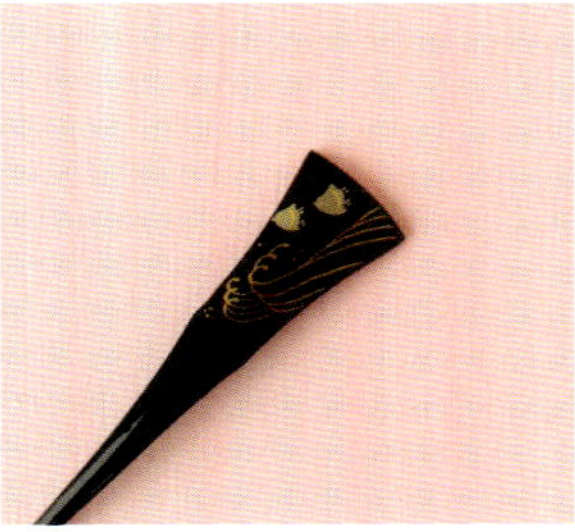

女性に人気の波千鳥も、波に乗って舞い上がることから縁起のよいモチーフ。山中塗《やまなかぬり》のかんざし。（ここん）

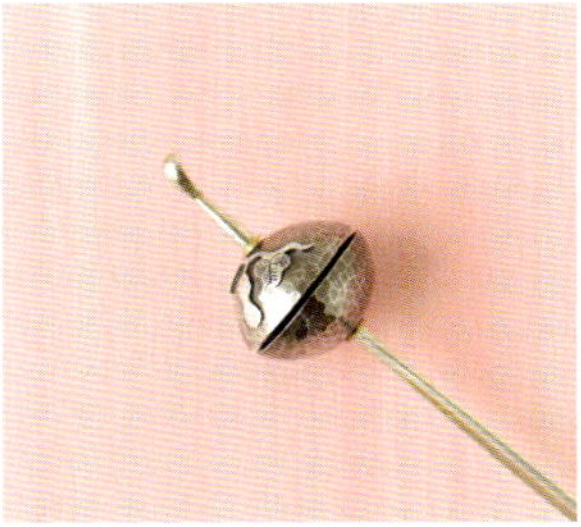

古くから鈴の音は邪気をはらうといわれています。ひょうたん柄の鈴かんざしは、美しい音色です。（ここん）

家紋

家紋は、家系や血統、家柄を表すために用いられてきた紋章。平安時代、公家たちが植物や動物、生活必需品などをモチーフに図案化したものを、調度品などの印としてつけたのが始まりです。江戸時代には武家の礼服に家紋がつけられるようになり、武家の女性は自家の家紋入りのかんざしをさしていました。また、当時の芸者の間では、思い人の家紋を入れたかんざしをさして貞操を誓うのがはやったそうです。

家紋帯留め

シルバーの家紋の帯留めは、かんざしとおそろいで。モチーフになった家紋は「笹」「雲菱《くもびし》」「片喰《かたばみ》」など。(Atelier 華e)

家紋せんべい

松本城の歴代城主の家紋をかたどった「古瓦煎餅《こがわらせんべい》」。卵の味がする、サクッとした歯触りのせんべいです。(東門 磯村)

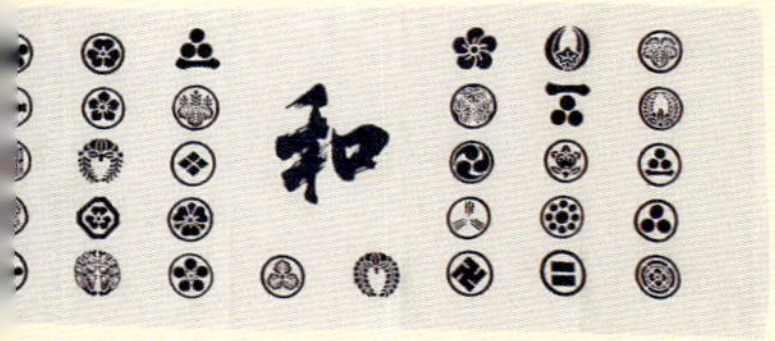

家紋手ぬぐい

スポーツ用品店で見つけた、たくさんの家紋が染められた手ぬぐい。剣道用です。

シルバーの家紋かんざし。ほかにも、帯留め、ピアス、ブレスレットなどの家紋アイテムがあります。（右から）「片喰」「葵《あおい》菱《びし》」「桔梗」「雲菱」「瓢《ひさご》」の5つの家紋。（以上、Atelier 華e）

古布

ひとつひとつ手作りの古布玉で作った玉かんざし。軸は漆塗りです。（かんざし屋 富美子）

古い着物の生地には、現代ものにはない大胆で面白い柄や色使いのものがたくさんあります。そんな魅力あふれる古布《こふ》を使った、きれいな玉かんざしを見つけました。小さくても存在感のある古布のかんざしは、白いTシャツやナチュラルな色の麻のブラウスなど、すっきりとした服装によく似合うと思います。和のテイストをあまり強調せずに、さりげなく取り入れたいアイテムです。

古布玉が２つ並んだヘアゴム。古布とは思えないモダンな色柄のものも。（かんざし屋 富美子）

古布玉のUピン。おだんごの根元にさしてワンポイントに。（かんざし屋 富美子）

古布のチューリップかんざし

1. 古布を外表に半分に折り、さらにもうひと折りします。

2. 布端から２ミリのところを並縫いし、筒の端の輪になったほうからかんざし金具を通します。

3. 並縫いしたところを引き締め、縫いしろに接着剤をつけて金具に固定します。そのあと、金具の先を隠すように、布をひっくり返します。

4. 綿を入れ、端の４カ所を針ですくいます。

5. 糸を引き締めてチューリップ形にし、とめます。

手ぬぐい

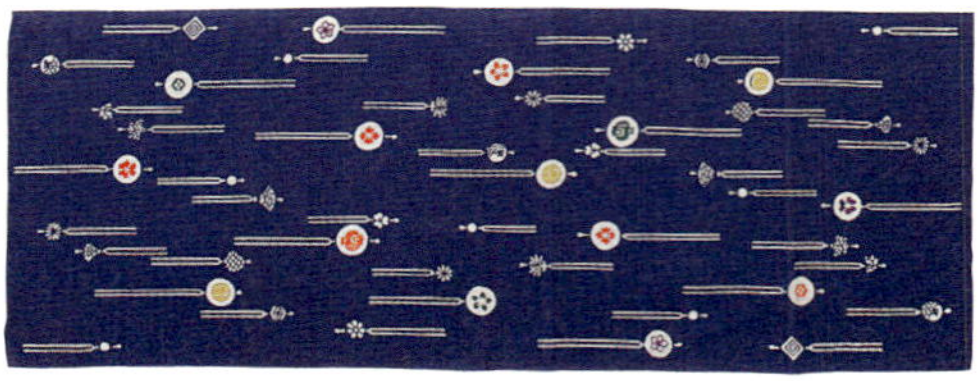

鮮やかな青地にさまざまなかんざしが染められています。（うさぎ屋）

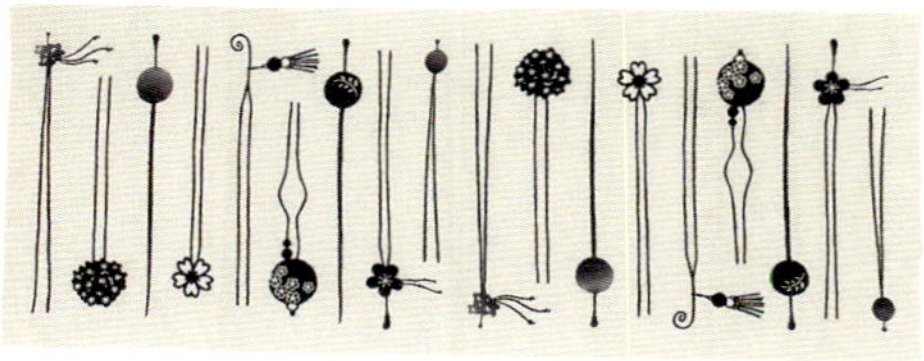

白地に染められたかんざしが墨絵のよう。シックな手ぬぐい。（うさぎ屋）

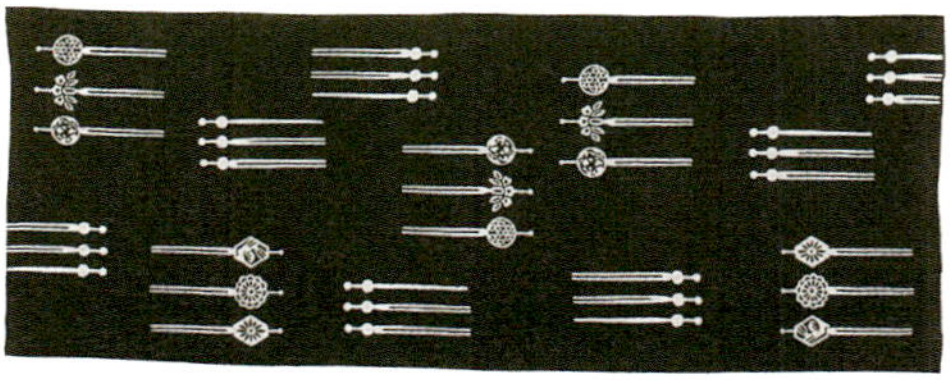

抹茶色にかんざしの絵柄を白く染め抜いた、粋な手ぬぐい。（ちどり屋）

手ぬぐいは、豊富な色柄が魅力のひとつ。かんざしやくしなどがモチーフになった手ぬぐいもたくさん作られています。さて、使い方は、かんざしをしまうときや、持ち運ぶときに手ぬぐいで包んで保護したり、使ったあとのかんざしを拭いたり……。また、手ぬぐいの布地は小物作りの材料としても扱いやすいので、かんざし柄の手ぬぐいでかんざし袋を作るというのもおすすめです。

シンプルなくしが並んだ、レトロな雰囲気の手ぬぐいです。（うさぎ屋）

乙女チックな花模様の深紅のくしをちりばめた手ぬぐい。（ちどり屋）

かんざしとくしが大きく染められた、大胆なデザインです。（うさぎ屋）

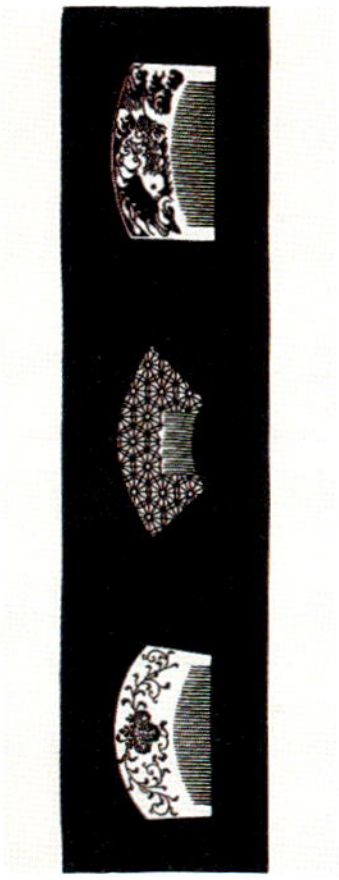

白黒のコントラストが美しい、繊細なデザインのくしの手ぬぐい。（うさぎ屋）

手ぬぐいのハギレでかんざし

手ぬぐいのくるみボタンでかんざしを作ってみました。大きめのくるみボタンをひとつ、または、小さいくるみボタンを2～3個つけても。

つまみ細工

つまみ細工作家「natsuko」さんの、モダンなデザインのヘアアクセサリー。（アミュレット）

つまみ細工とは、正方形の小さな布を三角形に折り畳み、ピンセットでつまんだものを組み合わせて、立体的な形を作る日本伝統の技術。つまみ細工のかんざしには花をモチーフにしたものが多く、「花かんざし」とも呼ばれています。また、華やかに着飾った女性を引き立てるため、派手な色使いのものが多いよう。江戸時代には、参勤交代の江戸土産として盛んに作られましたが、布製のため、昔のものはあまり残っていません。

すっきりとしたモノトーンの花かんざしと、絞り玉のかんざし。（ふりふ）

ジーファー

かつてあった琉球王国では、男女とも髪を結うのにかんざしを使ったといいます。女性のかんざしを「ジーファー」といい、身分や階級によって素材が決められていました。そして、先の尖ったジーファーは女性が使える身近な武器として護身の役目も果たしたそうです。今でも琉球舞踊で、結った髪にジーファーをさしたスタイルを見かけます。ジーファー同様、髪型も、微妙な違いで身分や年齢、性別などを表しています。

紅型《びんがた》や藍染めの着物生地をアクリルに閉じ込めた「彩玉《あやだま》」を使った琉球漆器のかんざし。（波の音）

大きな耳かきのようなシルバーのジーファー。（ここん）

からじ結い

「からじ」は、沖縄の言葉で「髪」を意味します。琉装が日常だった時代、沖縄では、からじ結いが一般的な髪型でした。現代でに、芝居や琉球舞踊などで見ることができます。

写真提供／フジタ企画
結髪／藤田佳子

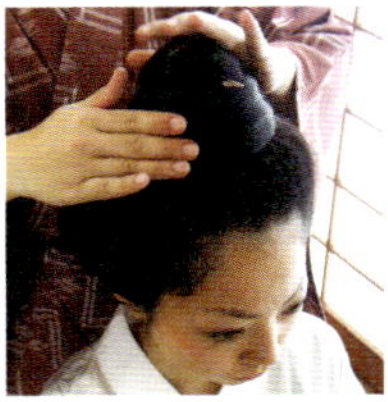

結った髪の後ろからジーファーをさします。

横から見たところ。高さも結構あります。

乙女

古布にビーズや刺しゅうが施されたかんざしとヘアゴム。アクセサリー作家の「sa-fufu」さんの作品です。（ここん）

竹久夢二、高畠《たかばたけ》華宵《かしょう》、蕗谷虹《ふきやこう》児《じ》など、大正から昭和の人気画家が描く乙女の髪に、かんざしやリボンなどの髪飾りが飾られているのをよく見かけます。アンティーク着物の女性も、洋装のモダンガールも、お下げ髪の女学生も、それぞれの雰囲気に似合うかんざしが頭に……。束髪から洋髪へと髪型が変わっても、かんざしは乙女の身だしなみの必須アイテムだったようです。

ラインストーンをあしらった透かし手まりは、フォーマルにも。（うめももさくら）

バラは乙女の定番モチーフです。バラのプレートが揺れるかんざし。（ROSH）

踊るバレリーナのヘアピン。バレリーナの髪にも輝く飾りがついています。（イーザッカマニアストアーズ）

シックな黒地にロマンチックな花柄レースの透け感が美しいヘアゴム。（ここん）

薄紫と白の花、そして、木の実のようなぽってりとした飾りがかわいいかんざし。（CARDINALWORKS）

銀《ぎん》古《ふる》美《び》の花びらにピンクのサンゴが上品な雰囲気の、花のかんざし。（アズマ）

ブローチ

ブローチでかんざし

ブローチ用のかんざし金具を使って、母からもらったお気に入りのブローチをかんざしに。／ブローチをかんざしにする金具（ここん）

（左ページ、右上から左に）金に黒のラインストーンがシックなスズランのブローチ。（ここん）／白いエーデルワイスは1950年代のもの。／1970年代の黄色いバラのブローチ。（以上、TARA）／アンティークレースのブローチ。／母からもらったレトロなブローチ。／メロン色のガラスのボディの小鳥ブローチ。／清楚な水牛の骨のブローチ。（ここん）／ラインストーンのスズランのブローチは骨董市で。／ピンクのブローチは子どものころの宝物。

スカーフをとめたりスーツやブラウスの衿元を飾ったり、ブローチはおしゃれな女性のマストアイテム。種類も豊富で、こんなかんざしがあったらいいのに！ と思う素敵なブローチがたくさんあります。雑貨屋さんをのぞいていたら、ブローチをかんざしにする便利な金具を見つけました。金具についた通し穴にブローチの針を通すだけ。これひとつで、お気に入りのブローチがあっという間にかんざしに変身です。

揺れもの

シルバーの針金でラフに包んだ、パールホワイトのビーズのかんざし。動きに合わせて揺れる飾りが印象的です。（ROSH）

江戸時代、未婚女性の間では、派手な飾りの下がった「びらびらかんざし」がはやったそうです。頭を動かすたびに揺れるびらびらかんざしは、若い女性をさぞや華やかに飾ったことでしょう。動きによってその存在を常にアピールしている揺れる飾りのかんざしは、小さくてもとても印象的です。ただし、服装にもよりますが、大きくて派手な揺れ飾りは、そこだけ浮いてしまうこともあるので注意しましょう。

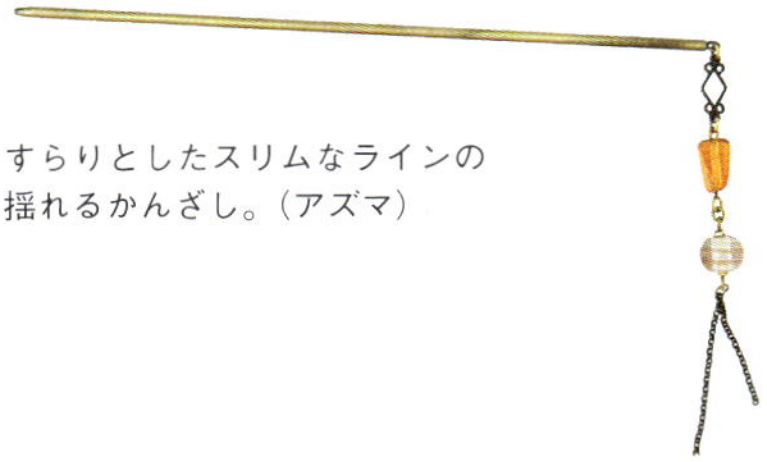

すらりとしたスリムなラインの揺れるかんざし。(アズマ)

ヴィンテージの三つ葉のボタンに揺れる飾りがチャーミング。(CARDINALWORKS)

銀古美の花に揺れる小さな赤い実がキュート。(アズマ)

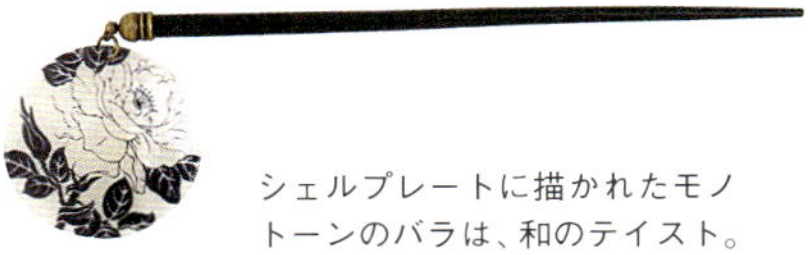

シェルプレートに描かれたモノトーンのバラは、和のテイスト。(ROSH)

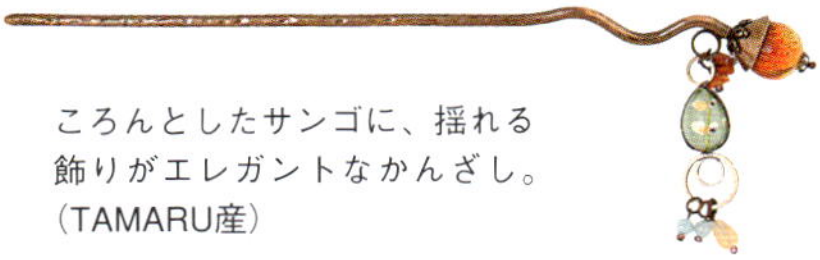

ころんとしたサンゴに、揺れる飾りがエレガントなかんざし。(TAMARU産)

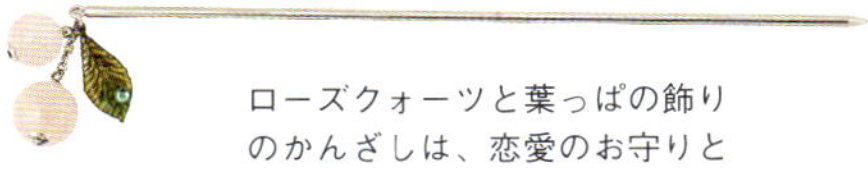

ローズクォーツと葉っぱの飾りのかんざしは、恋愛のお守りとしての効果も!(しぇんま屋)

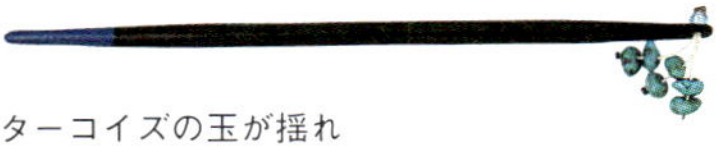

小ぶりなターコイズの玉が揺れる、漆軸のかんざし。(MADE IN TOSA物産)

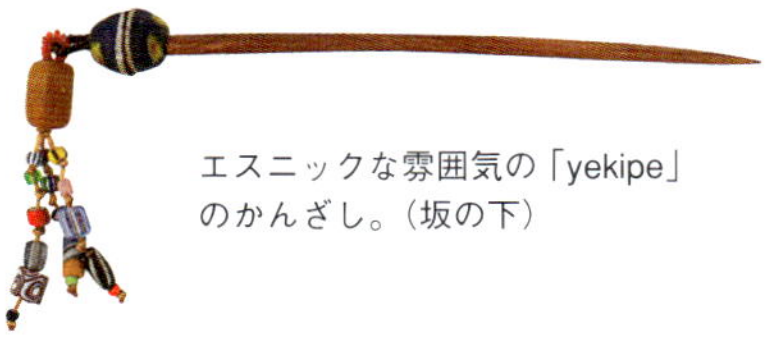

エスニックな雰囲気の「yekipe」のかんざし。(坂の下)

小さな紫のビーズの房がブドウのようです。(うめももさくら)

ヘアピン

国産デッドストックボタンの小さなヘアピン。カラフルに並べて使いたいアクセサリーです。（YOROZUYA◎ZAKKABU）

女の子らしさを引き立てるふわふわモヘアの花のヘアピン。（イーザッカマニアストアーズ）

キラキラ輝く花のUピン。おめかししたいとき、ふんわりヘアに華やかにとめて。（ROSH）

アンティーク風モチーフのヘアピンは、クラシカルな装いにぴったり。（リンロンフワミー）

かんざしに馴染みのない人でも、ヘアピンなら、少女のころに誰でも一度は使った経験があるのではないでしょうか。ヘアピンは前髪やサイドの髪をとめたりと、髪の長さにかかわらず楽しめるヘアアクセサリーです。また、まとめ髪に使うなら、束ねた髪やおだんごの根元にかんざし風にとめたり、サイドの後れ毛をとめるのにも役立ちます。かんざしに比べて手頃な値段のものが多いので、気軽に楽しむのにおすすめです。

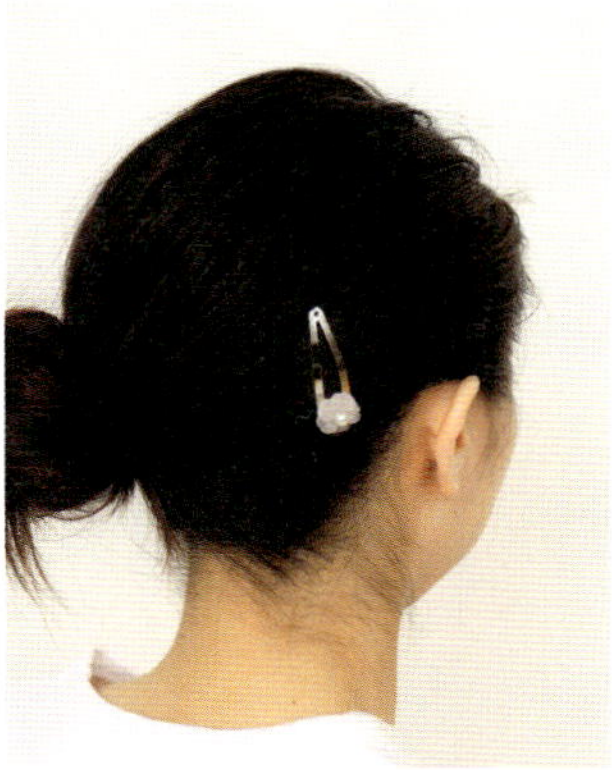

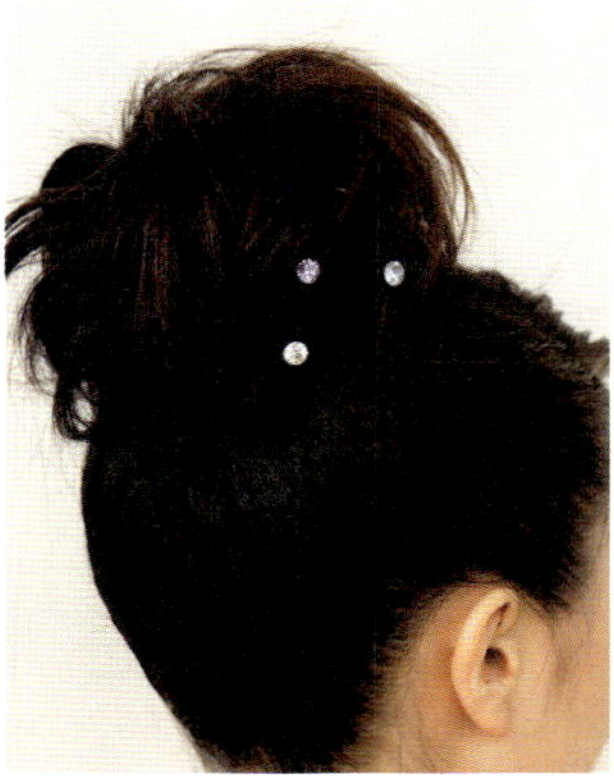

（写真右上から時計回りに）懐かしいパッチンどめも、ローズクォーツの花の飾りで大人かわいく。（ベリージャム）／青い花が印象的なヘアピン。モチーフが大きめのヘアピンは、かんざし風に使っても。（ここん）／ダイヤのように輝く小粒のUピンをおだんごに散らして華やかに。（ROSH）／ヴィンテージシェルボタンのヘアピンを何個かつけて。（YOROZUYA◎ZAKKABU）／（右のピン）レトロな色合いのボタンのヘアピン。（YOROZUYA◎ZAKKABU）

シルバー

火星の衛星「ダイモス」の名を冠した平打ちと玉かんざし。クレーターのような水玉模様です。(ジェイス青山)

金とともに古くから人類に親しまれてきた銀。ドラキュラから身を守る銀の十字架のように、銀は、魔よけやお守りとしても力を持つと考えられてきました。落ちついた白い光沢が銀の特徴ですが、化学変化を起こしやすく、空気に触れたままの状態で放置するとすぐに変色するため、保管には注意が必要です。また、銀製品の変色には専用のクリーナーを使用します。変色防止剤配合のものを使えば、長期間変色を防いでくれます。

両面の模様がしっかりと作られた桜文様のかんざしは、後ろ側の桜が影のように見えるしくみ。（小銀杏）

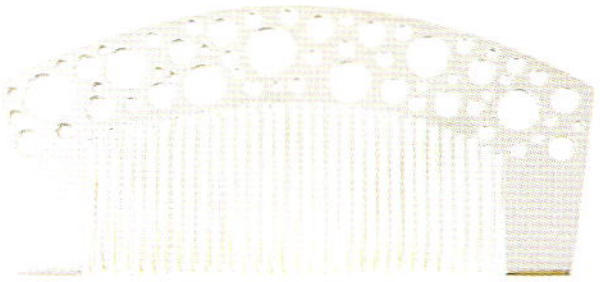

モダンと古典が美しく融合した、ダイモスの飾りぐし。（ジェイス青山）

シルバー作家「石坂草子」さんのかんざし。さりげない和の雰囲気が素敵です。（ここん）

雲柄の透かし模様が入った玉かんざし。控えめな中にも存在感があります。（かざりや鐐）

ゴシックな雰囲気のアゲハ蝶のかんざし。繊細な羽根の模様が丁寧に描かれています。（REAL）

タイの山岳民族カレン族のかんざし。花粉をモチーフにした柔らかな造形です。（シサム工房）

造形家「旬子 Shunko」さんの作品「種をはこぶクレマ」。かんざしとしても、オブジェとしても。（スパイラルオンラインストア）

チープ

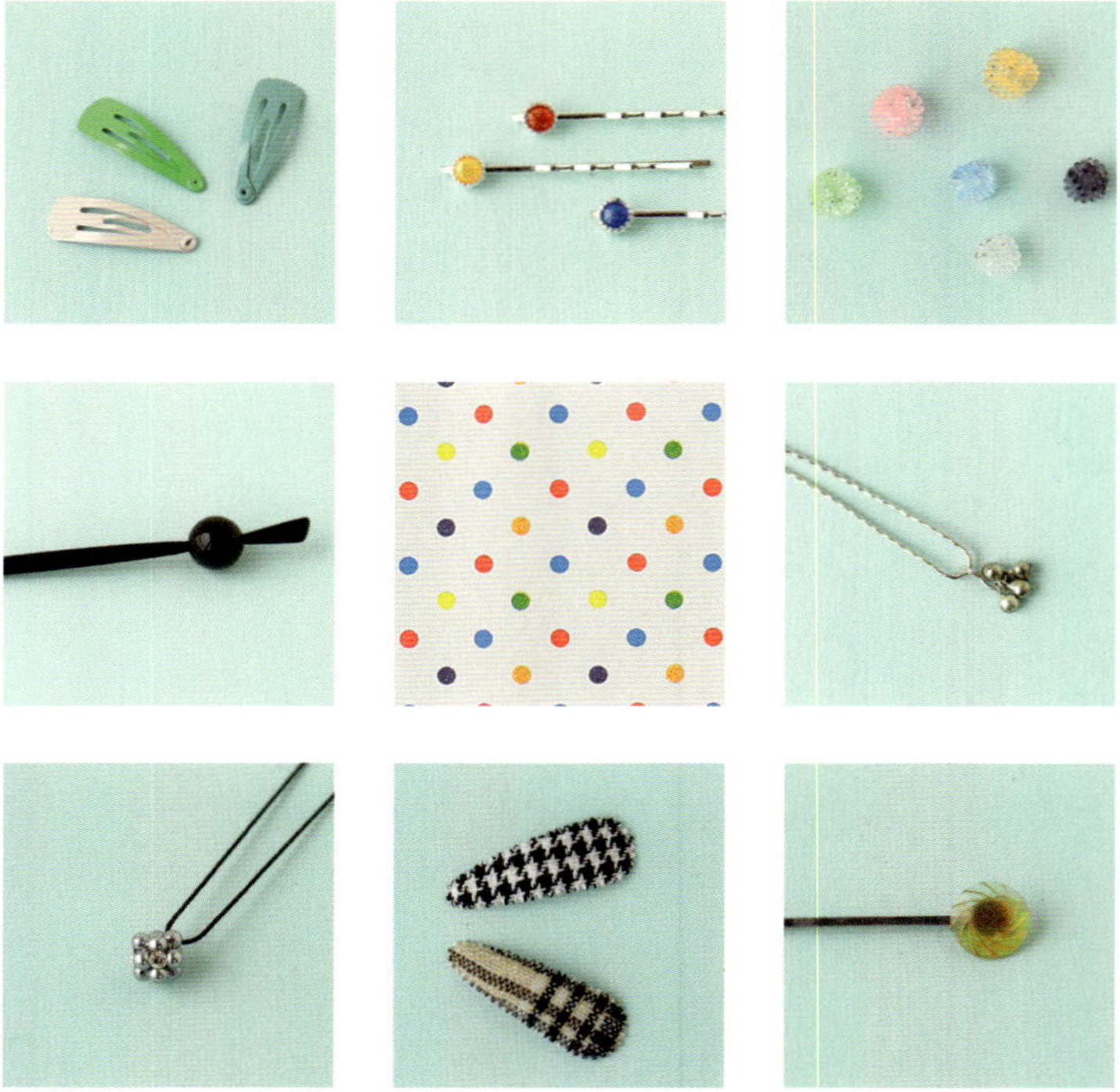

手の込んだ職人もののかんざしも素敵ですが、普段使いにはチープで気軽な雰囲気のものも楽しいと思います。スーパーや百円ショップ、アクセサリーショップなどをのぞいてみたら、安くてかわいいかんざしやヘアピンなどをたくさん見つけました。本当におしゃれの上手な人は、お金をかけずにおしゃれを楽しむといいます。百円ショップのかんざしを素敵に着こなせたら、おしゃれ上級者の仲間入りですね。

(右ページ、右上から時計回りに) ミニミニクリップは1センチほどの小ささ。／小さな鈴のUピンはエスニック雑貨屋で。／プラスチックのボタンがついたピン。／チェックの衣装をまとったものも。／ビーズの飾りがついたUピン。／黒いかんざしは300円。／カラフルパッチンどめ。／信号のようなヘアピンは百円ショップで。／(左ページ、右上から時計回りに) プラスチックのかんざしパーツは、そのままさしても。／ガラスの玉かんざしはねじをはずせば、玉の交換も可能。／おばあちゃんがつけていそうなコーム。／あめ玉のようなプラスチックボールのヘアゴム。／エスニックなチャームのかんざし。／造花のバラがついたピン。／もこもこしたボタンがついたヘアゴム。／小粒なビーズ飾りのかんざしは2～3本一緒につけて。

ボタン

1960〜70年代を中心とした国産のデッドストックボタンを使ったかんざし。
(YOROZUYA◎ZAKKABU)

美しい細工のアンティークボタンの芸術性はいうまでもありませんが、もっと現代に近い気軽なものにも、素敵なボタンがたくさんあります。衣服をとめる部品として脇役的な扱いのボタンですが、限られた小さなサイズの中で工夫されたデザインや色使いは、アクセサリーとしても、主役級の力を秘めています。そんなボタンを使った魅力的なかんざしを見つけました。どれもとても愛らしく、見ているだけで幸せになれます。

同様に、国産のデッドストックボタンを使ったヘアピン。デザインや素材もさまざまで、ひとつひとつに個性があります。（YOROZUYA◎ZAKKABU）

ボタンで作りましょう

手持ちのボタンを使ってかんざしを作ってみました。ボタン2個でかんざし金具を挟み、ボタンと金具の穴に糸を通して固定します。接続部分を接着剤で補強すれば完成です。

ヘアゴム

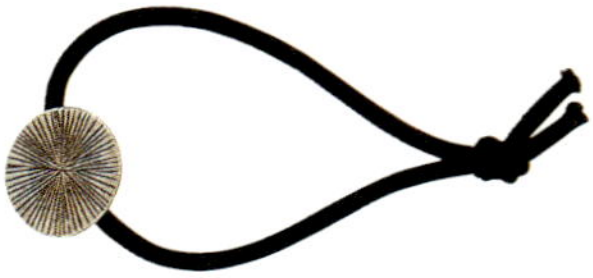

シンプルなカレンシルバーのヘアゴムは、水面に広がる雨の滴《しずく》のデザイン。（シサム工房）

クロスステッチの黒ネコのヘアゴム。赤い首輪がアクセント。（イーザッカマニアストアーズ）

アクリルの中に馬を閉じ込めたヘアゴム。輝く星とルビー色のガラスが印象的。（ここん）

古きよきアメリカを偲ばせるフィードサック製くるみボタンとデッドストックボタンのヘアゴム。（YOROZUYA◎ZAKKABU）

髪を束ねるのに便利なヘアゴムですが、飾りのついたものを使えば、かんざしいらずでおしゃれが楽しめます。飾りつきのヘアゴムというと、カラフルなプラスチックのポンポンや花といった子どもっぽいイメージでしたが、実は、素材や色使いはとても豊富です。シンプルなシルバー製、シックな革製……と、大人の女性にも似合う素敵なものがたくさんあります。まとめ髪を気軽に楽しみたいという人におすすめです。

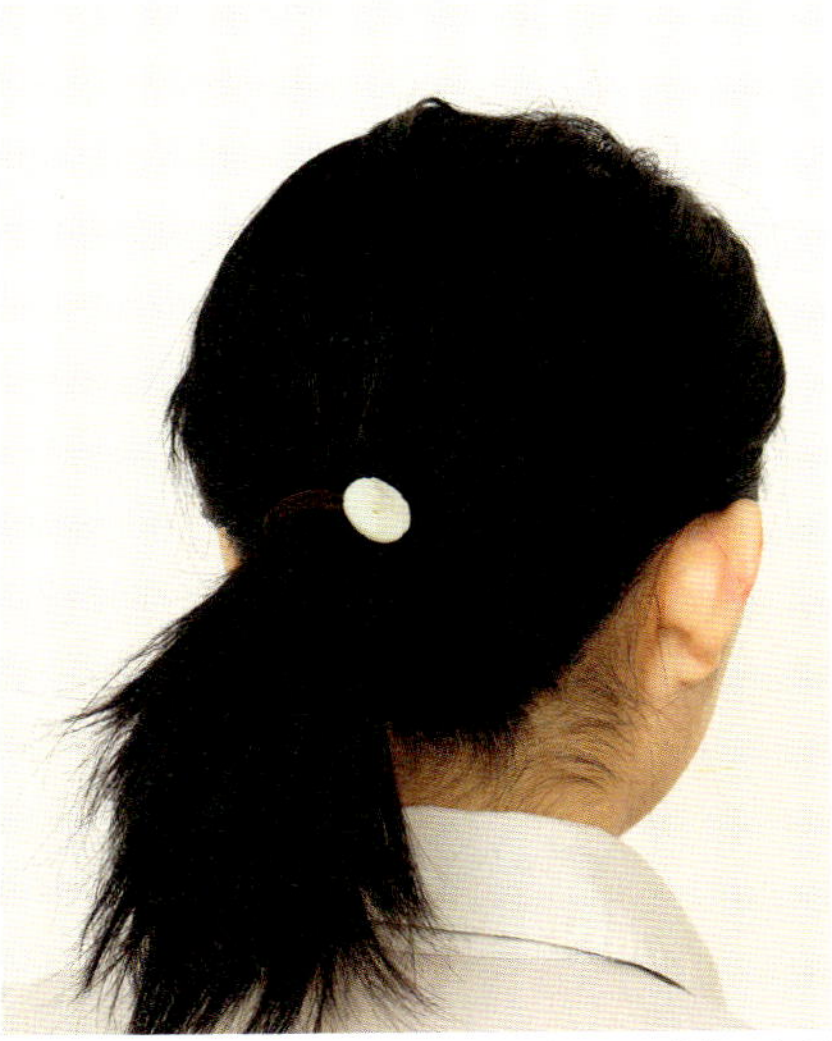

ヴィンテージシェルボタンのヘアゴムは、清楚で上品な装いに似合います。(YOROZUYA◎ZAKKABU)

大人かわいいヘアゴム。樹脂製の花びらには音符の模様が描かれています。(TAMARU産)

レザークラフトのヘアゴム。落ちついた色使いの天然素材が、髪によく馴染みます。(ほ乃香)

じゃらじゃらとしたヘアゴムもモノトーンですっきりと。ボーダーのビーズがマリン風です。(スタイルセレクト)

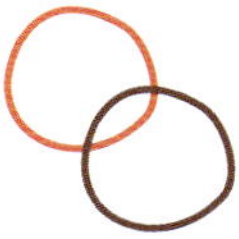

レトロな雰囲気のボタンのヘアゴム。細かいカットのアクリルに輝くストーンが印象的です。(YOROZUYA◎ZAKKABU)

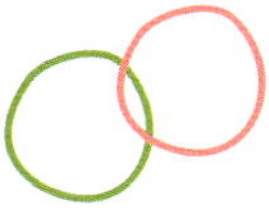

カットビーズを集めた丸いモチーフが花のよう。透明感あふれる、若々しい印象です。(イーザッカマニアストアーズ)

ナチュラルカラーのネットのボールにキャンディのようなアクア玉を添えて。(コラゾン)

ビーズ

スティックタイプのかんざし金具の先に大きめのビーズを通し、接着剤でとめるだけで、かんざしができ上がります。金具の先の輪に、小さめのビーズやチャームをぶら下げてもかわいくなります。

ビーズアクセサリーは根強い人気ですね。数あるビーズアクセサリーの中でも、大きめの玉を使ったかんざしは、誰でも簡単に作れるおすすめアイテムです。ビーズブーム以来、ビーズ専門店はもちろん、少し大きい手芸屋さんでも、実にさまざまなビーズが売られるようになりました。お気に入りの玉をひとつだけ、小さいビーズやチャームと組み合わせて……。素材選びの楽しさも、ビーズクラフトの醍醐味です。

ビーズにひと工夫

水玉ビーズ

ウッドビーズにマニキュアで水玉模様を。マニキュアが垂れないようにひとつひとつ乾かしながら、バランスよく色を置いていきましょう。

手まりビーズ

ウッドビーズにレース糸や毛糸を巻いて作ります。色の混ざったマルチカラーの糸を使うと楽しい色合いに。糸を巻くと穴が狭まるので、大きな穴のビーズを使いましょう。

ビーズボール

5～6ミリのビーズを8の字につなげてボール状に。12個つなげたら1つめのビーズに戻って丸くつなぎ、でき上がりです。糸はテグスを使うときれいに仕上がります。

かんざし美人

古いマッチラベル。お酒を運ぶ女性の日本髪にかんざしが。

『中原淳一の美しきぬり絵3』（中原蒼二監修、ワニブックス）

電話創業100年の記念切手。電話をかける女性の、ピンクの花のかんざしがかわいい。

古いマッチラベルの女性は、お風呂の中でもかんざしをさしています。

喜多川歌磨呂の代表的な美人画「かんざしさす女」に見られるように、髪にかんざしをさすしぐさには、女性らしさを際立たせる色香があります。また、美人画の中のきらびやかなかんざしは、描かれた女性の美しさを引き立てるとともに、女性美の象徴としての役割を果たしているようにも感じられます。古いマッチラベルや切手などにも、かんざしをさした美人の絵がありました。どれもみな、女性らしい美しさが漂います。

古いマッチラベル。シルエット姿の女性がつけた大きな花飾りが印象的です。

ドイツの切手。大きな花の髪飾りをつけた少女の絵です。

骨董市で見つけたこけしバッヂ。

花かんざしをさした舞妓さんが表紙の『京都名勝絵葉書帖』という冊子。

夢二の描く女性のはかなげな美しさは、昔も今も人気です。

鏡を見ながら髪型を整える少女のポストカード。

水森亜土のお年玉袋。

土佐銘菓かんざしは、ゆずの香りの白あんを洋風の生地で包んだホイル焼き。生地の表面にはかんざしの絵が描かれ、かんざしに見立てたあめもついています。（浜幸）

かんざしの悲恋物語

「♪ぼんさんかんざし買うを見た～」は、高知県の民謡、よさこい節のワンフレーズ。幕末の僧である純信とお馬の悲恋の物語は、歌として現代に語り継がれています。浜幸の袋には肩を寄せ合う純信とお馬が描かれています。

おだんご手帖

アメピンとUピン

おだんごで使うピンには、アメピン（アメリカピン）とUピンがあります。アメピンはおだんごを根元に固定させたり、後れ毛などをとめるのに使います。裁縫の要領で縫うようにするのがコツで、しっかりとめることができます。

一方、Uピンはアメピンと同様の使い方をするほか、髪のボリュームや毛束の方向を調整する役目も。一方の足を1～2センチ釣り針のように曲げて使うと、抜けたり出てきたりするのを防げます。

ゴムの結び方

普通の黒いゴムは、輪の状態にして使うのが基本。輪にしたゴムを腕に通して持ち、毛束にそのゴムを一度通します。そのあと、ゴムをねじって毛束を通し、ゴムがしっかりと毛束に巻きつくまで繰り返します。

また、飾りのついたゴムは、飾りの部分が正面を向くようにします。毛束を結んだ最後に、飾り部分にゴムを引っかけるようにすると、飾りが動かないように固定できます。

ヘアアレンジ剤

ヘアアレンジ剤には、セットローション、ワックス、ハードスプレーなどがあります。おだんごを作る前にセットローションやワックスをつけておくと、髪がしっとりして、まとまりやすくなります。

このとき、ワックスなら、十円玉大くらいを手のひらにのばし、髪の内側から毛先に向かって、手ぐしですくようにしていくのがコツです。また、ハードスプレーは仕上げに使い、おだんごをしっかりキープさせるのに役立ちます。

便利グッズ

波打つ足のコームは夜会巻きを簡単に作れる優れもの。同じタイプで2本足のものもあります。用途によって使い分けましょう。

大きいサイズのUピンはおだんごをまとめるときに、アメピンの代わりに。波打つ足は抜けにくく、しっかりとまとまります。

スクリュー型のピンはおだんごなどのまとめ髪にねじ込むようにして使います。がっちりとまるのでスポーツをする人にもおすすめ。

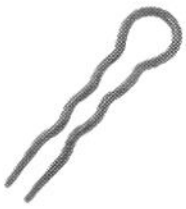

プラスチック製のクニュクニュピンは、おだんごやハーフアップをとめるのに便利なアイテム。サイズも大小あるようです。

ボリュームを出す

毛束を巻きつける前に逆毛を立てることで、おだんごヘアにボリュームを持たせることができます。逆毛を上手に立てるにはコツがあります。まず、髪をピンと上に伸ばし、コームを毛束の中ほどに垂直にさします。そして、コームを髪の根元に向かって、10回くらい、グッグッ……と力を入れぎみにしごきます。また、逆毛を立てたい髪の部分にスプレーをかけておくと、さらにしっかりしたボリューム感が生まれます。

まとめ髪のポイント

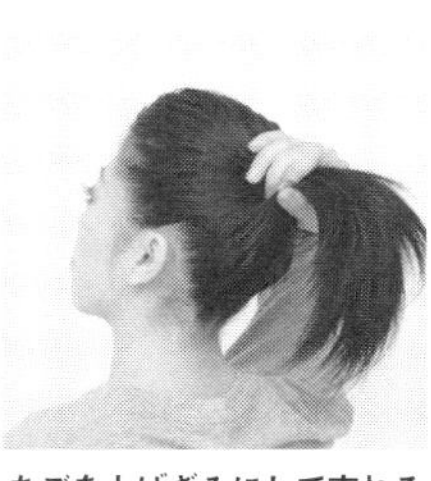

あごを上げぎみにして束ねる

髪を束ねるとき、あごを上げぎみにすると、衿足すっきり。

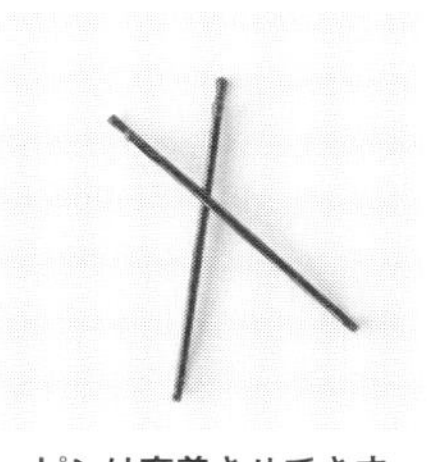

ピンは交差させてさす

ピンをとめるときは、交差させることで、しっかりします。

ヘアスタイリング剤をつける

ヘアスタイリング剤をつけると、髪がまとまりやすい。

おだんご基本

おだんごヘアの基本の作り方です。髪を束ねる位置を変えることで、いろいろな表情が生まれます。

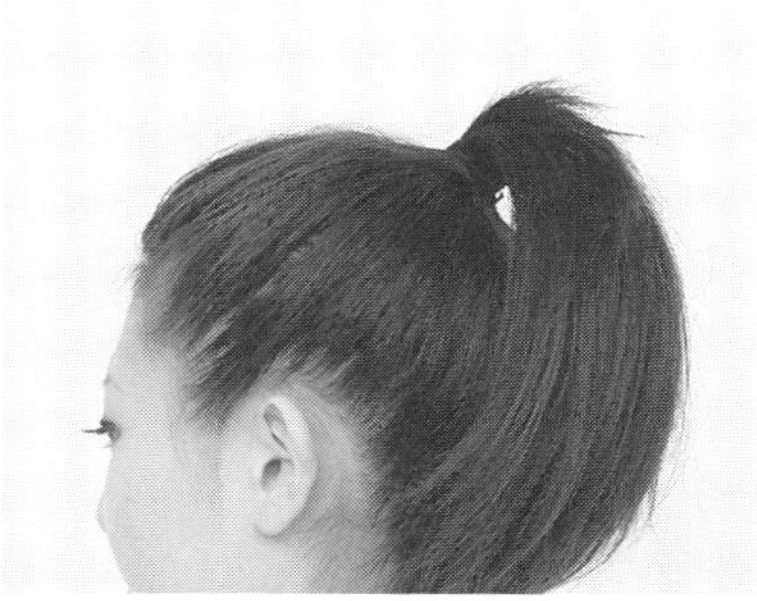

1

髪を１束に集めてゴムでしばり、ポニーテールを作ります。

2

右手で軽くねじります。ねじる方向は右ききの人は右に、左ききの人は左にねじると、スムーズです。

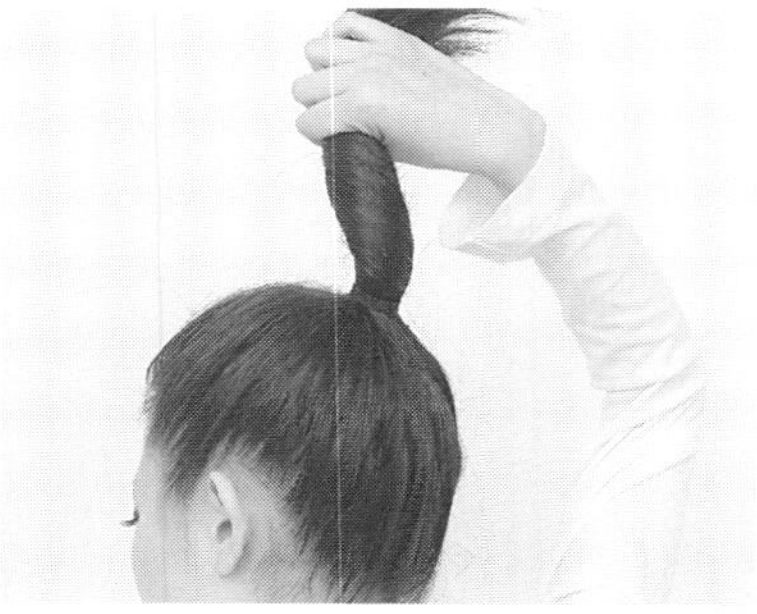

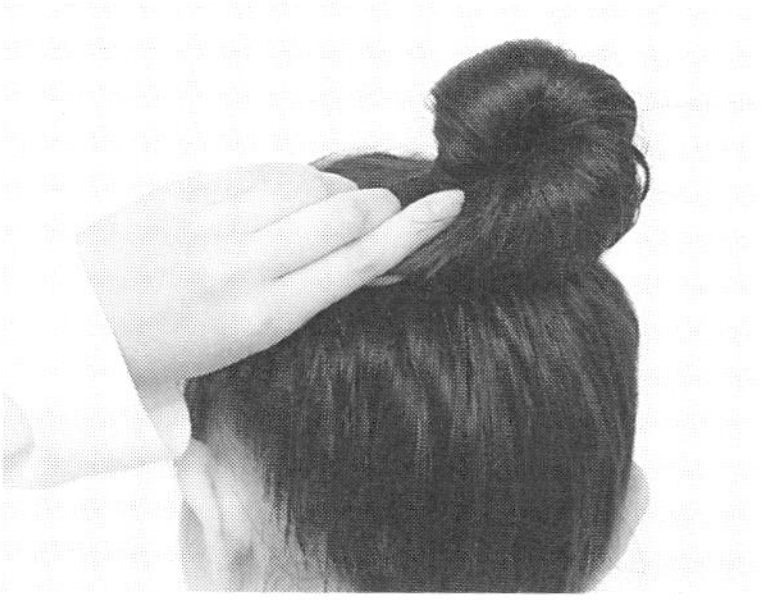

3

毛束をねじった方向に巻き込んでいきます。

4

毛先まで巻き込み、おだんごを作ります。

5

ピンでおだんごをとめます。このとき、ピンにゴムをかませるような感じで。

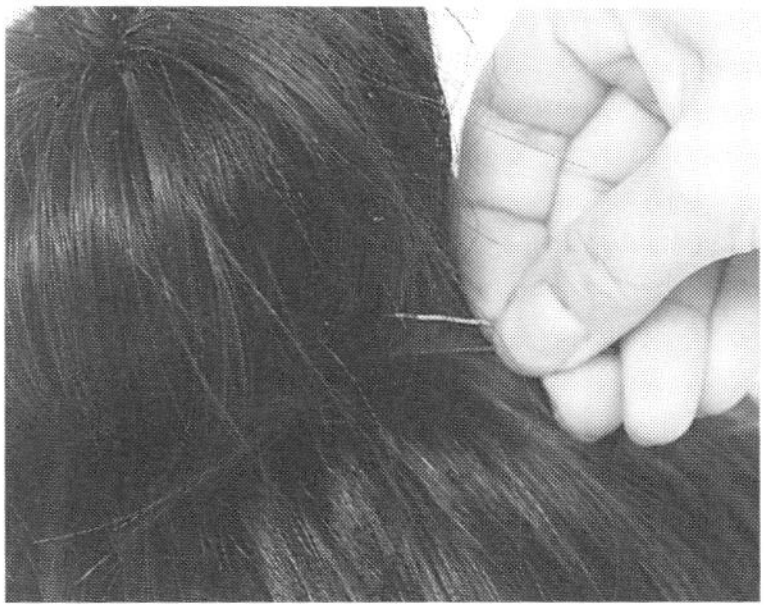

6

2本のピンを交差させるように根元にとめると、崩れにくくなります。

華やかおだんご

逆毛を立ててふんわりまとめたフェミニンなおだんご。逆毛をしっかり立てるのが上手にまとめるポイントです。

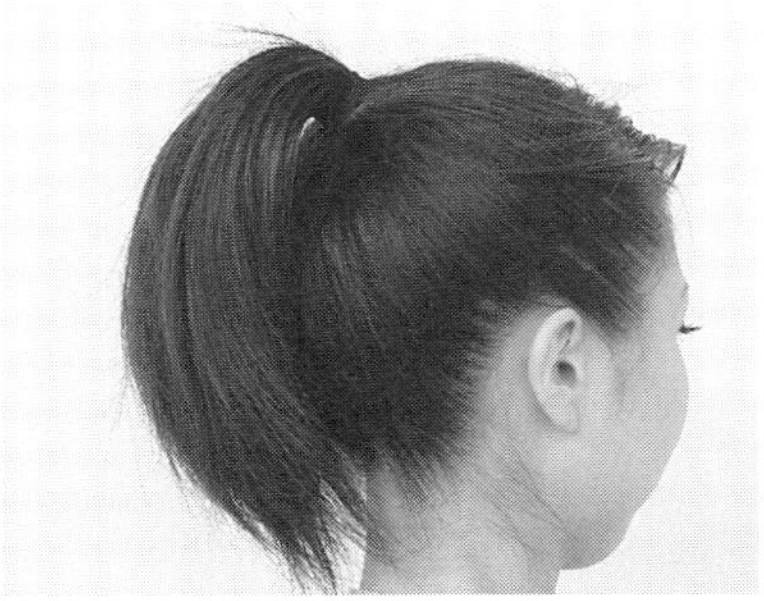

1

髪を１束に集めてゴムでしばり、ポニーテールを作ります。

2

毛束にヘアスプレーなどを吹きつけ、逆毛を立てやすくします。

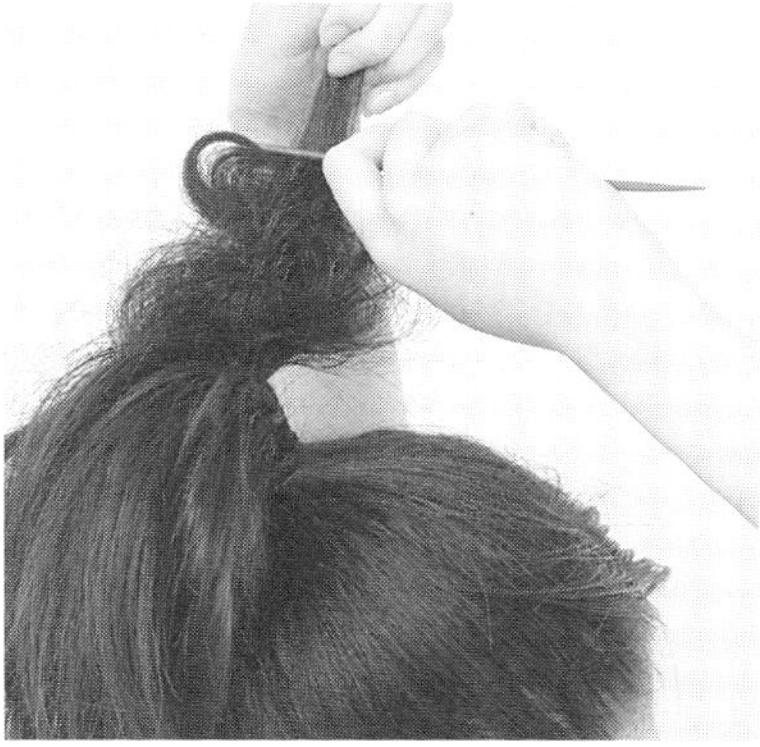

3

くしを毛先から根元に入れてしごき、逆毛を立てます。

4

毛先をふんわりと根元に巻きつけていきます。

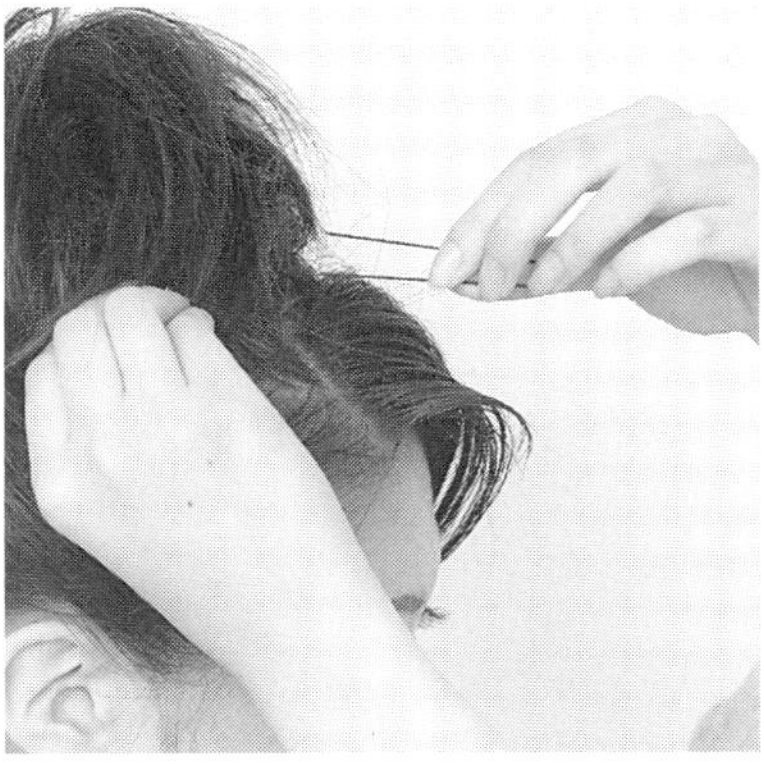

5

ピンで毛先をとめます。ふんわりしたおだんごを崩さないためには、きつく巻きつけすぎないことがポイント。Uピンなどを活用しましょう。

ふたごおだんご

ツインテールで作るおだんごヘアは、活動的で若々しい印象。左右のおだんごの高さを変えるのがポイントです。

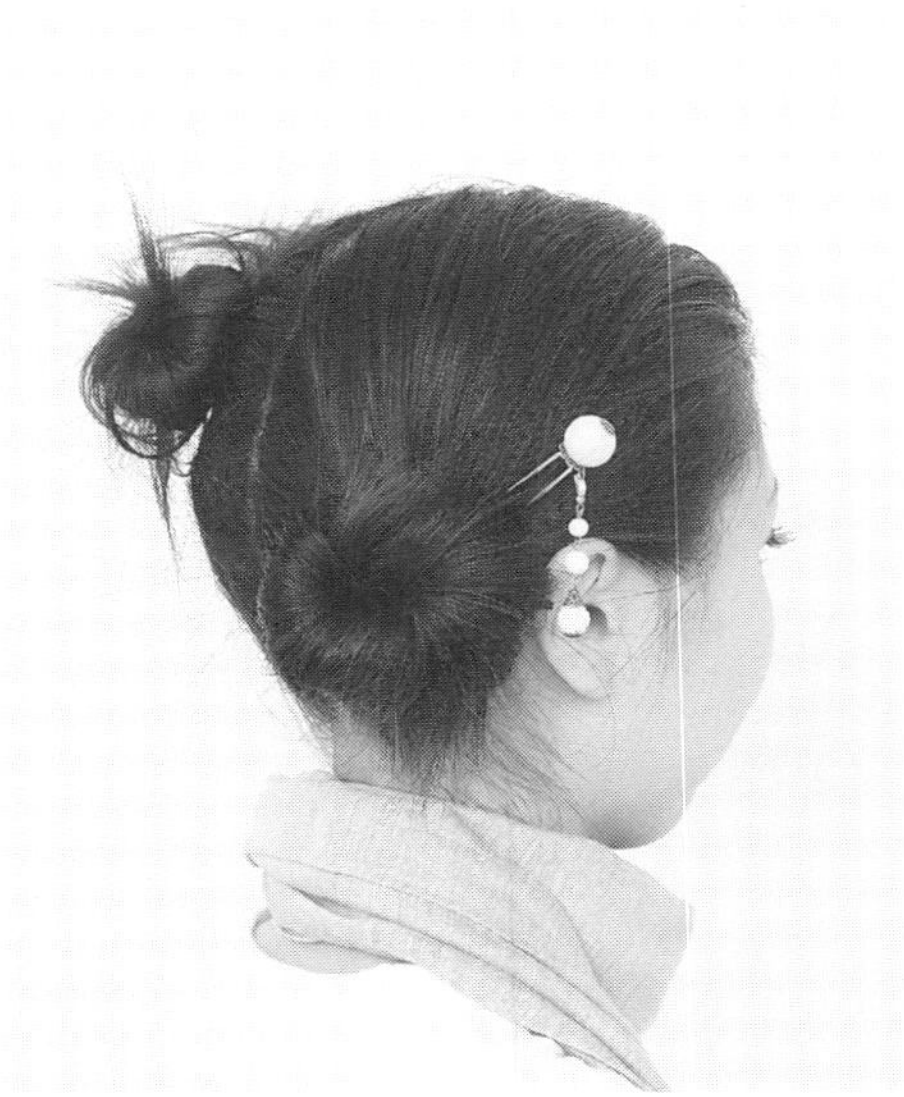

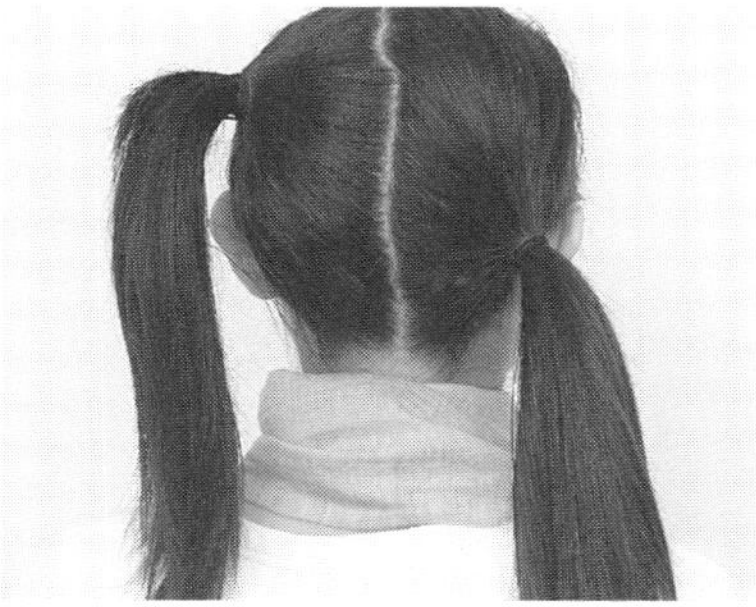

1

髪を真ん中で分け、左右に2つにゴムでしばります。このとき、高さを変えると、リズムが生まれます。

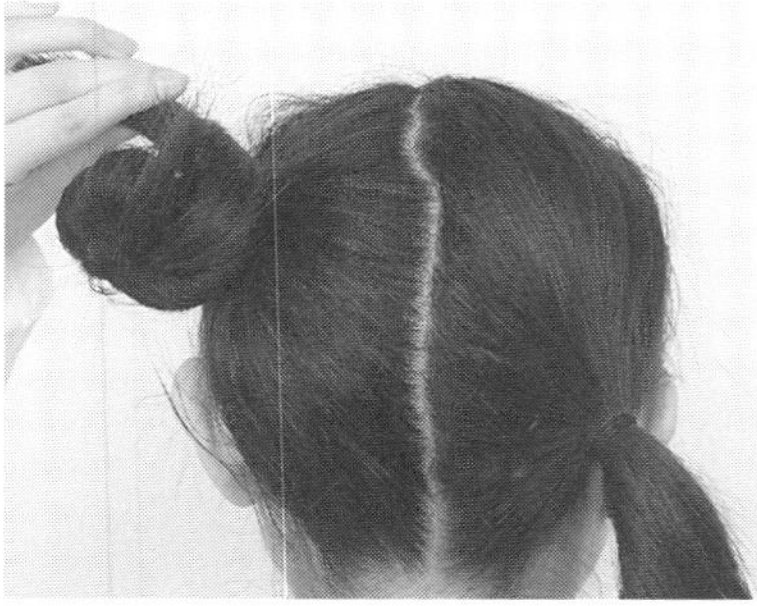

2

一方の毛束をねじって根元に巻きつけ、おだんごを作ります。

3

根元にピンをさし、おだんごをとめます。このとき、ピンにゴムをかませるような感じにします。

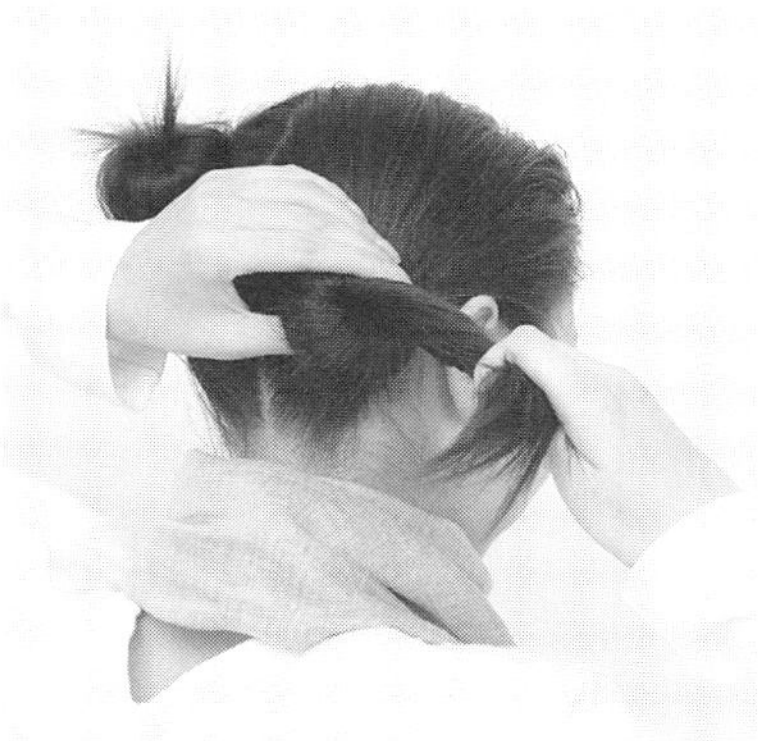

4

もう一方の毛束も同様にねじって、根元に巻きつけます。

5

根元にピンをさし、おだんごをとめます。

大人おだんご

おだんごを低い位置に作ると、大人っぽい雰囲気になります。最初に髪を束ねる位置を変えるだけで、あとは基本と一緒です。

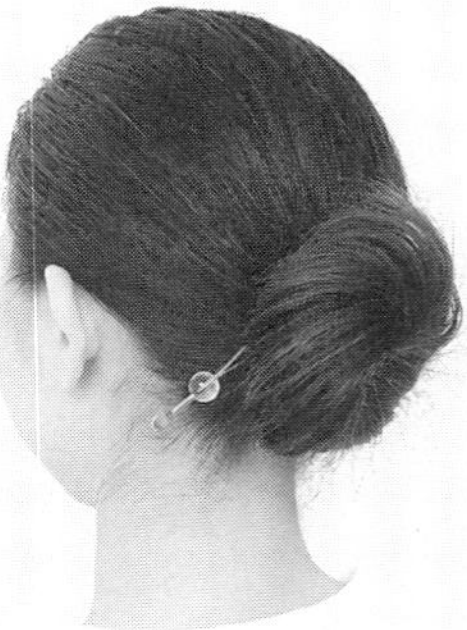

1

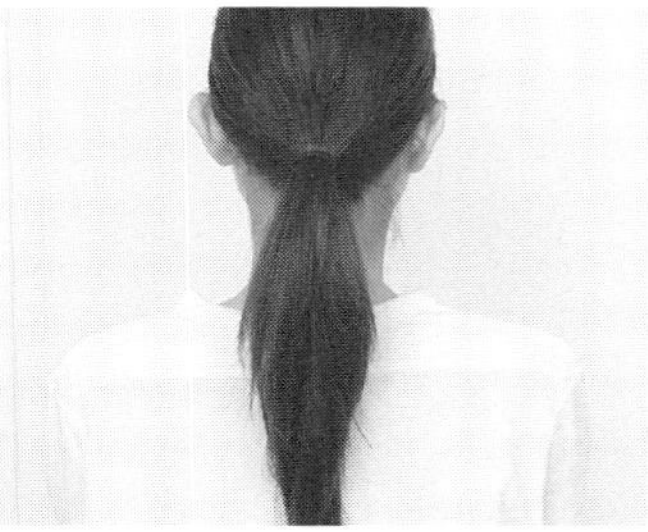

髪を1束に集めて、低い位置でゴムでしばります。

2

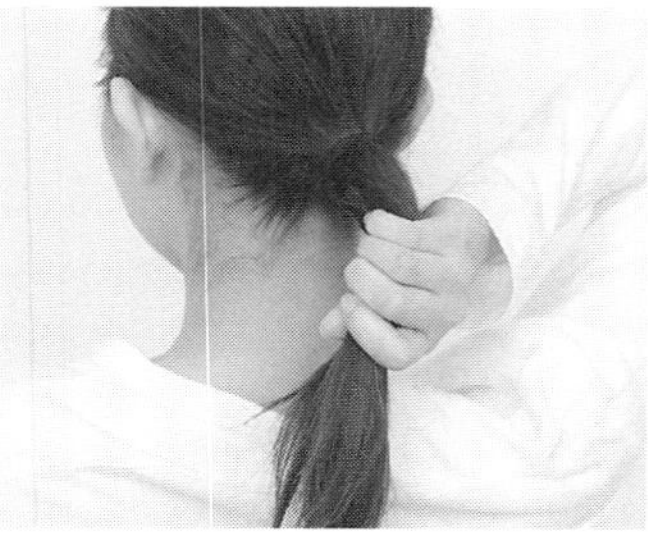

右手で毛束を軽くねじります。

3

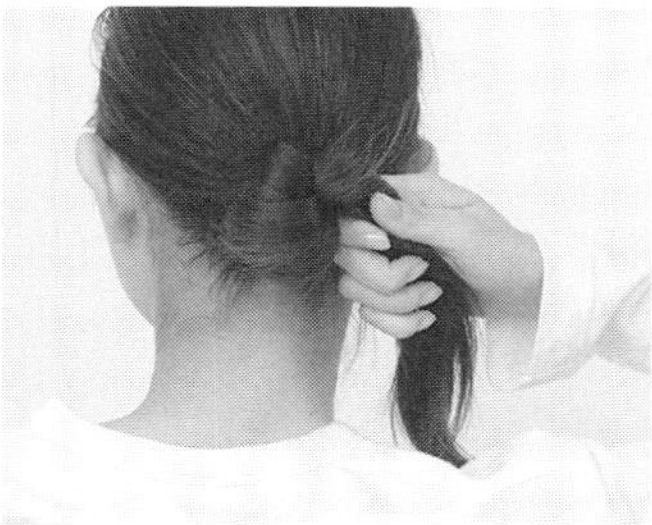

さらにねじりながら、ねじった方向に巻き込んでいきます。

4

毛先まで巻き込み、おだんごを作ります。

5

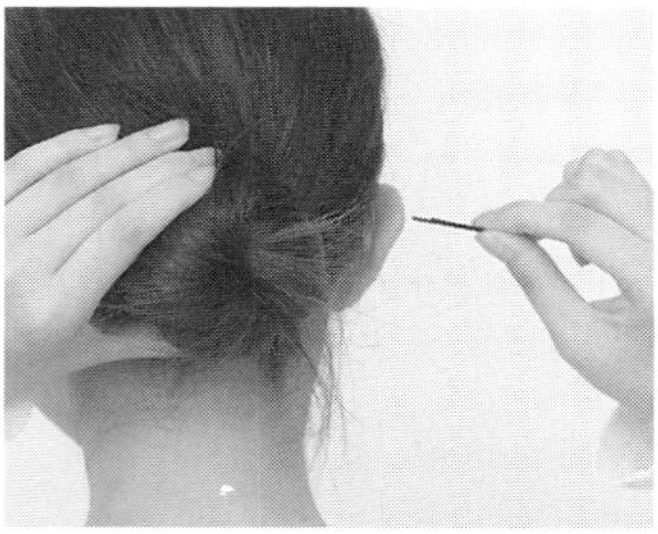

ピンでおだんごを根元にとめます。このとき、ピンにゴムをかませるような感じで。

キュートおだんご

ムーミンに出てくる「ミー」がしているような頭頂部に作るおだんごは、カジュアルでキュートなイメージ。若い女性に人気の髪型です。

1

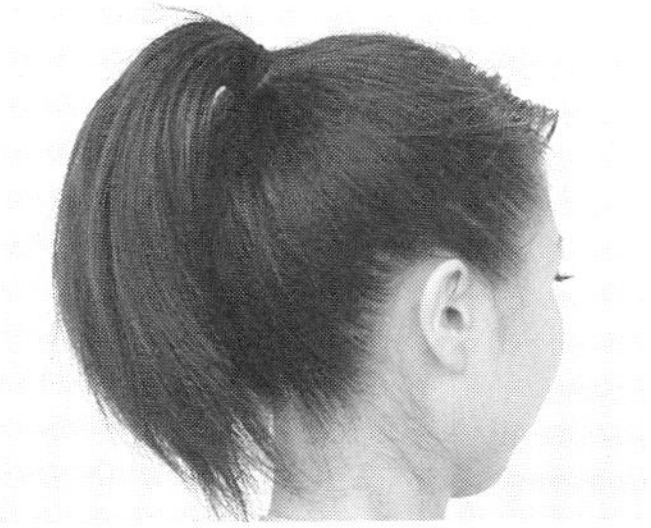

髪を１束に集めてゴムでしばり、ポニーテールを作ります。

2

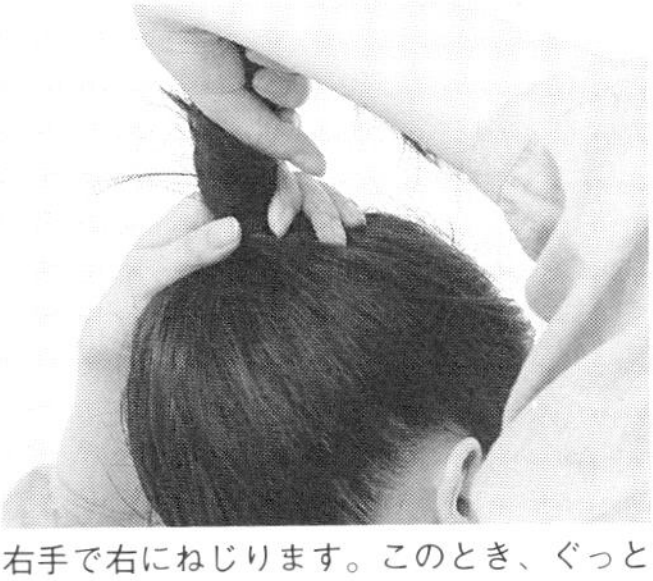

右手で右にねじります。このとき、ぐっときつめにねじるのがポイント。

3

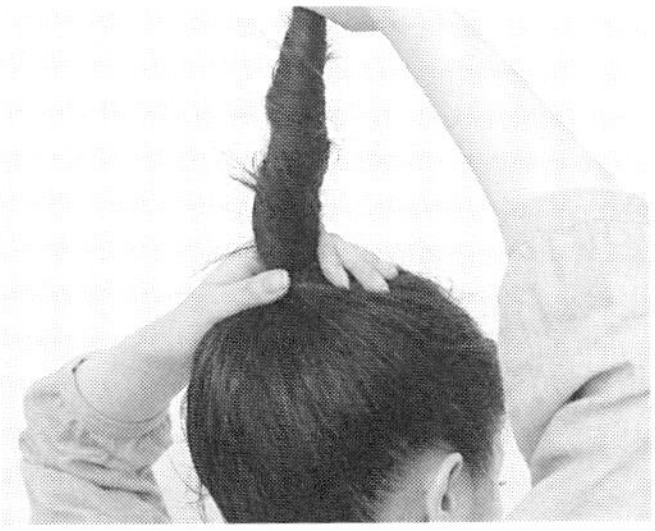

さらに毛先までねじっていきます。

4

毛束を右（ねじった方向）に、ねじれなくなるまでねじって、巻きつけます。

5

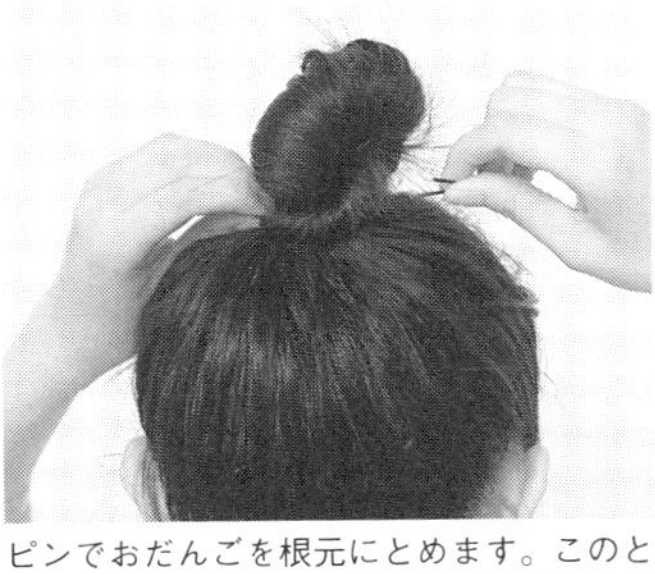

ピンでおだんごを根元にとめます。このとき、ピンにゴムをかませるような感じで。

サイドおだんご

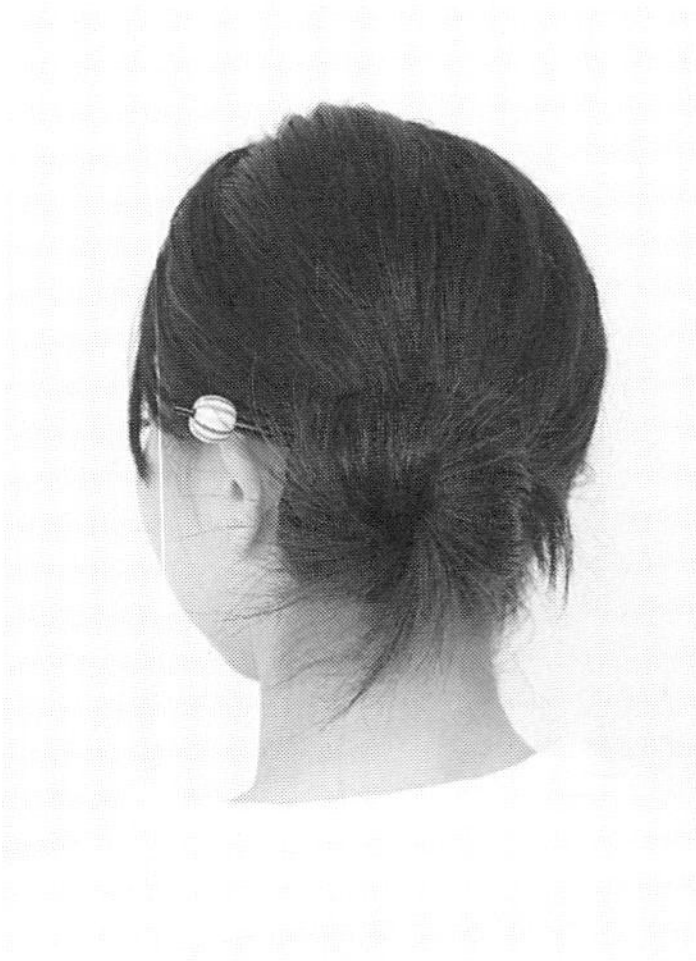

耳の後ろで作るおだんごは女性らしい雰囲気。かんざしが正面からもよく見える、おしゃれなまとめ髪です。

1

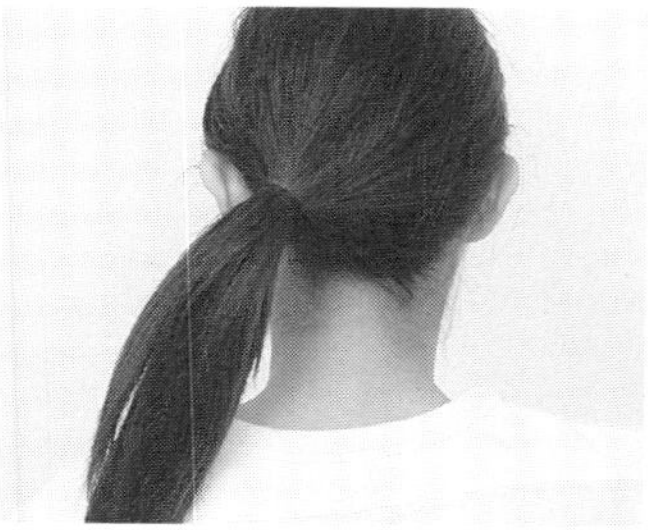

髪を1束にしてサイドに集め、ゴムでしばります。

2

右手で右に軽くねじります。

3

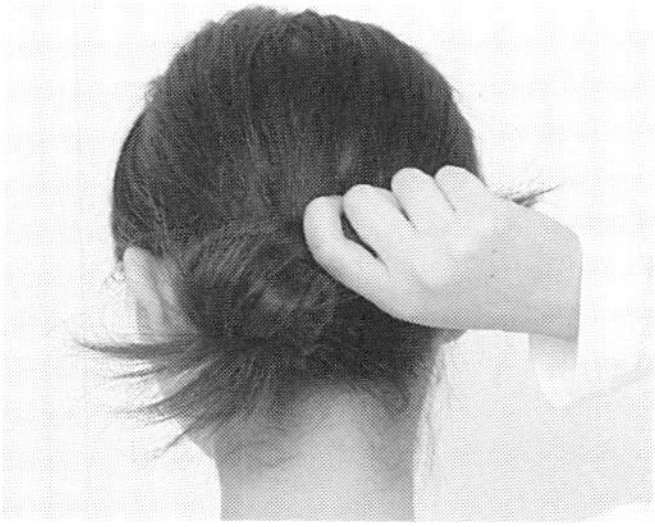

毛束を右（ねじった方向）に巻き込んでいきます。

4

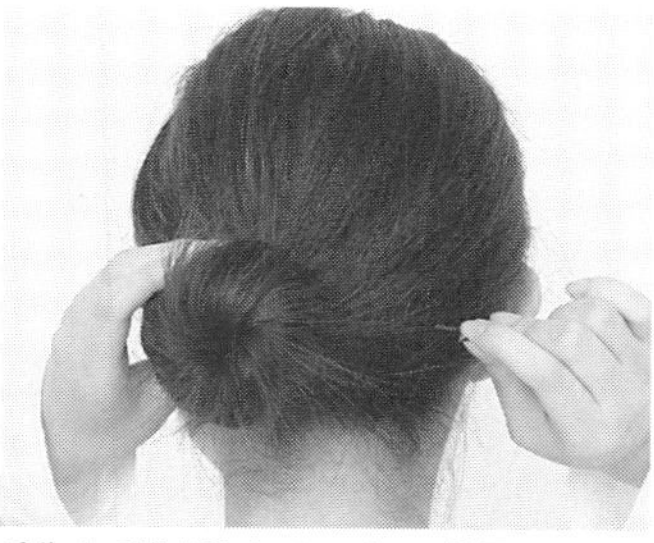

毛先まで巻き込んで、ピンで根元にとめます。ピンにゴムをかませるような感じで。

上下おだんご

上下2段のおだんごは、きりりとした雰囲気です。おだんごが大きくなりがちな髪の量の多い人でも、2段にすればすっきりコンパクトにまとまります。

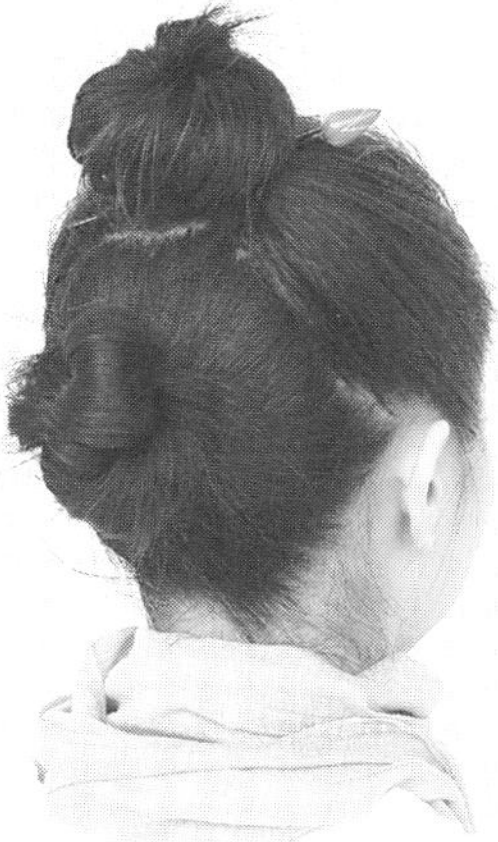

1

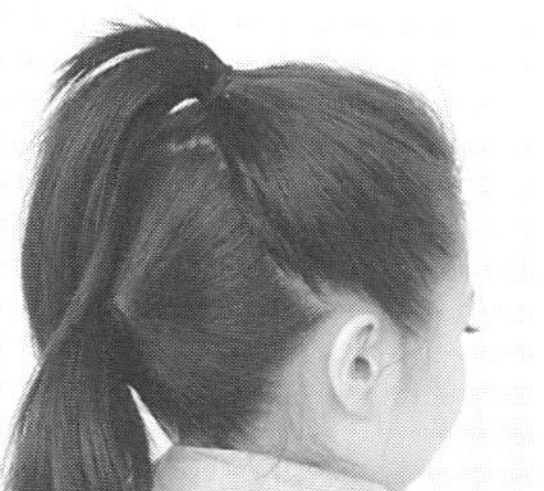

トップの髪を集めて上方に毛束を作ってから、残った髪を集め、下方にもうひとつの毛束を作ります。

2

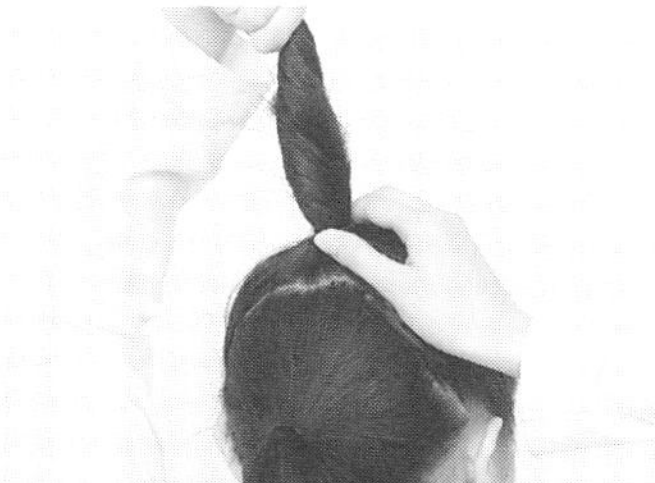

上方の毛束を右にねじります。

3

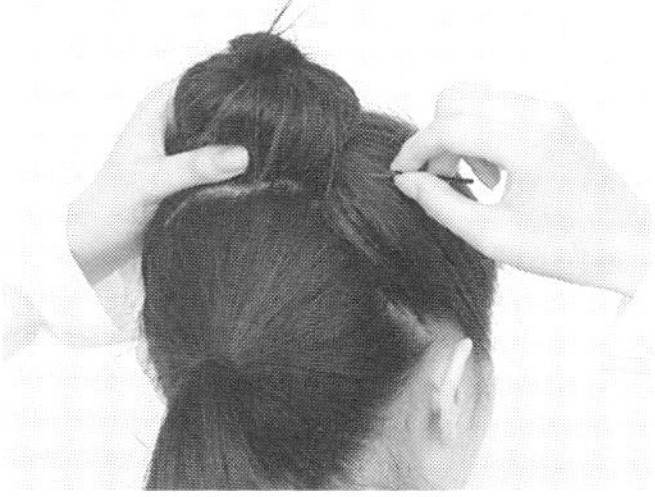

ねじった毛束を根元に巻きつけ、おだんごを作ります。根元にピンをさし、おだんごをとめます。ピンにゴムをかませる感じで。

4

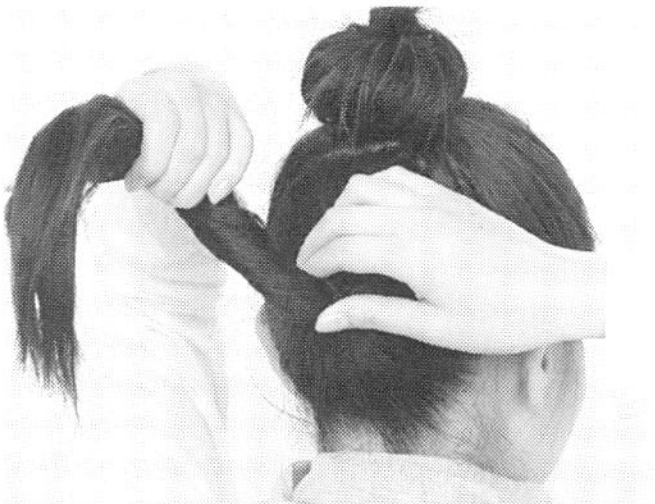

もう一方の毛束も同様に、右にねじっていきます。

5

毛束を根元に巻きつけ、根元にピンをさしておだんごをとめます。

Gallon
http://gallonshop.web.fc2.com/

かんざし屋（株式会社和心 Press Room）
東京都渋谷区神宮前4-3-21 アプリール表参道101
tel:03-5414-1290
http://www.wargo.jp

かんざし屋 富美子
http://www5f.biglobe.ne.jp/~kanzashi/

カンナスタジオ「小銀杏」
http://www.lily.sannet.ne.jp/kanna-studio/

kinari 浅草橋店
東京都台東区柳橋2-14-3 帝王ビル
tel:03-5822-2518
http://www.tonbodama.com/

きもののおとも
http://gumbo.cc/

きもの ほ乃香
京都府京都市北区大北山原谷乾町112-40
tel:075-462-2516
http://www.rakuten.co.jp/kimonohonoka/

銀工房こじま
東京都北区東十条5-15-5
tel:03-3902-0816
http://www.bekkoame.ne.jp/ha/hc17806

グランアジア
http://www.rakuten.co.jp/gran-asia/

ここん 神楽坂店
東京都新宿区神楽坂3-2 林ビル２Ｆ
tel:03-5228-2602
ここん 鎌倉店
神奈川県鎌倉市御成町9-34 confortタカサキビル１Ｆ
tel:0467-55-5818
http://www.coconchi.com/

コラゾン
大阪府大阪市北区西天満5-13-7 近江ビル
tel:06-6311-0161
コラゾンWEBショップ「和のライフスタイル ノレン」
http://www.noren-net.jp/

坂の下
神奈川県鎌倉市坂の下21-15
tel:0467-25-7705
http://www.sakanoshita.info/

ジェイス青山
渋谷区神宮前 2-4-20-2Ｆ
tel:03-3408-7460
http://www.jeis-aoyama.com

赤塚べっ甲店
東京都台東区谷中7-6-7
tel:03-3828-7957

アズマ
東京都台東区竜泉2-13-10
tel:03-3871-1221
http://www.azmjp.com/

Atelier 華e
http://hanae05.com/

アミュレット
東京都千代田区神田神保町1-18 三光ビル１Ｆ
tel:03-5283-7047
http://www.mecha.co.jp/amulet/

アロハタワー
http://www.rakuten.co.jp/jubilee/524982/

awai
東京都港区六本木4-5-7
tel:03-5770-6540
http://www.awai.jp/

イーザッカマニアストアーズ（有限会社ズーティー）
兵庫県神戸市中央区海岸通2-2-3 東和ビル5F
tel:078-321-7615
http://item.rakuten.co.jp/e-zakkamania/

上ノ坊製作所
大阪府柏原市田辺1-11-13
tel:0729-78-6013
http://www.bekkou.jp/

うさぎ屋
http://www.usagiya.biz/

うつわ祥見
神奈川県鎌倉市津西2-5-10
tel:0467-32-5583
http://utsuwa-shoken.com

うのはら
京都府京都市下京区不明門通り松原下ル吉水町455
tel:075-341-3003
http://www.unohara.jp/

うめももさくら
東京都杉並区永福3-4-9 -204
tel:03-5355-3965
http://umemomosakura.com/

CARDINALWORKS
http://cardinalworks.jp

かざりや鐐
京都府京都市中京区押小路通麩屋町西入橘町621
tel:050-3765-7642
http://www.ryo-kazariya.com

http://www.hamako.com/

東門 磯村
長野県松本市大手4-10-16
tel&fax:0263-32-2932

FourSeason
http://www.f-season.com/

フジタ企画
沖縄県うるま市平良川193-1
tel:098-973-3660
http://www.fujitakikaku-okinawa.com/

ふりふ
東京都渋谷区宇田川町15-1 渋谷パルコ パート1 2F
ふりふ渋谷店
tel:03-3464-5159
http://www.furifu.com/

ベリージャム
http://veryjam.ocnk.net/

まめくま堂
http://mamekuma.cocolog-nifty.com/

ミロ・アンティークス
京都府京都市中京区烏丸通姉小路下ル場之町586-2
新風館1F中庭ワゴンショップ
http://www.milo-antiques.com/

MADE IN TOSA物産
http://www.made-in-tosa.com/

夢市場
茨城県日立市大みか町2-28-17
tel:0294-53-3773
http://yumeichiba.jp/

YOROZUYA◎ZAKKABU
http://yorozuya-zakkabu.ocnk.net/

REAL
http://www.lacomtesse.jp

リトルムーン
大阪府大阪市西区北堀江1-1-21四ツ橋センタービル3F
tel:06-4390-7717
http://www.rakuten.ne.jp/gold/han-world/

リンロンフワミー
大阪府豊中市東泉丘2-6-15-105
tel:06-6853-7644
http://www.huamiee.jp/

老維新
神奈川県横浜市中区山下町145
tel:045-681-6811
http://www.rouishin.com/

ROSH
http://rosh.jp

極上天然石使用和装小物アクセサリー しぇんま屋
東京都大田区南馬込5-19-21グランベルデ馬込坂402
tel:03-3776-2583
http://www.shenme-ya.com/

シサム工房
京都市左京区北白川伊織町30 銀月アパートメント1F
tel:075-724-5677
http://www.sisam.jp/

十三や
京都府京都市下京区四条通寺町東入ル13
tel:075-211-0498
http://www.kyoto-shijo.or.jp/shop/13ya/

心斎橋花房（株式会社キャナック）
大阪府河内長野市千代田南町18-5
tel:0721-52-5991
http://www.craft-hanafusa.com/

スウィートキス
http://www8.plala.or.jp/sweetkiss/

スタイルセレクト
京都府京都市西京区桂南巽町10-2 スペリオール桂102
tel:075-393-7093
http://www.rakuten.co.jp/styleselect/

スパイラルオンラインストア
http://store.spiral.co.jp/

TAMARU産
東京都中央区銀座5-10-10
tel:03-3573-0403
http://www.tamarusan.com/

TARA
http://www.s-tara.com

ちどり屋
東京都中央区日本橋人形町1-7-6
tel:03-5284-8230
http://item.rakuten.co.jp/edo-noren/c/0000000172/

チャイディー.ネット
http://chaidee.net/

ティラキタ
http://www.tirakita.com/

波の音〜琉球〜
沖縄県那覇市松尾1-3-3 普天間商会松尾ビル2F
tel:098-866-9319
http://www.rakuten.co.jp/namino-oto/

NUUB
http://nuub.shop-pro.jp/

浜幸
高知県高知市大津乙695-1
tel:088-866-2323

菅原すみこ
エディトリアルデザインをメインに、さまざまな印刷物のデザインを手がけるフリーランスのデザイナー。着物を着るようになったのを機に、手ぬぐい、風呂敷、かんざしなど、和の道具の素晴らしさに目覚める。著書に『なごみのまんじゅう手帖』『モダンふろしき案内』『福招き手帖』（以上、河出書房新社）。埼玉県在住。http://homepage.mac.com/snowkiss/

ブックデザイン　東村直美（やなか事務所）
撮影　鈴木亜希子
ヘアメイク・まとめ髪指導　井口直子
モデル　宮本安由美、森美香
着つけ　鳴海彩詠
イラスト　祖父江ヒロコ
小物製作　菅原すみこ
構成・編集　小畑さとみ

協力／文化服装学院スタイリスト科ファッションモデルコース
http://www.bunka-fc.ac.jp/

＊本書に記載されているデータ、情報、価格などは2008年５月現在のものです。なお、販売終了している商品もございます。
＊本書を制作するにあたり、取材にご協力いただいた各ショップ、メーカーの皆様に、心より感謝とお礼を申し上げます。

お楽しみ かんざし手帖

二〇〇八年七月二〇日　初版印刷
二〇〇八年七月三〇日　初版発行

著　者　菅原すみこ
発行者　若森繁男
発行所　株式会社河出書房新社
東京都渋谷区千駄ヶ谷二―三二―二
電話（〇三）三四〇四―一二〇一（営業）
電話（〇三）三四〇四―八六一一（編集）
http://www.kawade.co.jp/

印刷　三松堂印刷株式会社
製本　小泉製本株式会社

ISBN978-4 309-27021-0